LATVIAN MITTENS
LATVIEŠU CIMDI

LATVIAN MITTENS
Traditional Designs & Techniques
Lizbeth Upitis

Photographs by Alvis Upitis
Latvian Translation by V. Berzina-Baltina
Illustrations by Patricia Katsura Rollins

LATVIEŠU CIMDI
Raksti un technikas
Lizbete Upīte

Uzņēmumi: Alvja Upīša
Teksta latviskojums: V. Bērziņas-Baltiņas
Attēli: Patrišas Katsuras-Rollinas

Schoolhouse
Press

ACKNOWLEDGEMENTS

Many persons helped produce this book. Knitting techniques were learned from Alvine Upitis, Sarmite Vilka, Anna Mizena and through the creative sharing of our Latvian knitting group, *Adisanas kopa.* The extensive mitten collections of Mirdza Strausa, Osvalds Grins, Anna Mizena, and the museum of Garezers, Three Rivers, Michigan were readily opened to study. The translations of the *dainas* and Latvian language source material were possible only with the help and insight of Valerija Berzina-Baltina.

Thank you Meg Swansen, Alexis Xenakis and David Xenakis. The first edition opened the path to our friendships. I am blessed to have you all with me on this second merry-go-round.

Never could I express enough appreciation for you, Alvis. You are my foremost Latvian, best photographer and greatest help in life.

Thank you all!

Designer: David Xenakis
Photographer: Alvis Upitis
Cover mittens: by Anna Mizena and Lizbeth Upitis

Original copyright 1981 Lizbeth Upitis
Schoolhouse Press printing ©1997 Lizbeth Upitis

Schoolhouse Press
6899 Cary Bluff
Pittsville, WI 54466

Printed in the United States of America

Library of Congress Catalog Card Number 97-65101
ISBN 13: 978-0-942018-14-1

As well as publishing knitting books and producing instructional DVDs, *Schoolhouse Press* offers a wide range of tools and materials for handknitters.

www.schoolhousepress.com

FOREWORD

Brought to America as treasured mementoes of a beloved Latvian homeland left behind, these small, everyday objects dazzle the eyes–and warm the hands.

Originally, these beautiful mittens were knitted to catch the eyes of a would-be mate. To hedge her odds, a young maiden usually knitted one hundred to two hundred pairs—or enough colorful mittens to merit their own chest in a marriage procession.

Upon arrival at the groom's house, a bride adorned her new relatives and new home with her mittens–not forgetting to hang a pair in the all-important pig-sty!

So a young man would do well, as this Latvian folk song relates, to choose a knitter of mittens:

Good evening, maiden's mother
As you see my hands are freezing;
All the while my mitten knitter
Snugly in your room is sitting.

So much, in Lizbeth Upitis' words, for "choosing the pretty hand over the warm one."

True to tradition, young Latvian immigrant Alvis Upitis also made the right choice. (Come to think of it, Lizbeth did too: if you're going to write a book, it doesn't hurt to have a world-class photographer under your roof.)

Ok, so it took Lizbeth a few years after her marriage to complete her mitten chest! Its sumptuous contents, found on and between the covers of this book, will delight knitters everywhere.

Lizbeth, a lover of history, set about in characteristic fashion in collecting these designs and offering us these jewels. She learned Latvian, a challenging task for any student. This ancient tongue, the language of Baltic tribes that occupied the slip of land from the Volga River to the Baltic Sea, allowed Lizbeth to authentically research her subject by talking to the Latvian women who had knitted these folk treasures.

Latvian Mittens, written in English and Latvian, is a feast of pageantry, history, folk tradition, and simply incredibly beautiful knitting patterns. And Lizbeth, ever the consummate teacher, has stuffed her mitten treasure chest with all the how-to's, techniques, and advice you'll need: a child's/sampler mitten, two scalloped borders, fringe, braid, thumb holes, top decreases, mitten liners, outer mittens, adaptation of a graph to your mittens and your gauge, and finishing tips.

Both temperate-zone, and frost-belt knitters will find Lizbeth's instructions for miniature lapel mittens, as they will this book, irresistible.

Alexis Xenakis
Sioux Falls, South Dakota

CONTENTS

SATURS

PREFACE TO NEW EDITION

Tremendous social and political changes have taken place since the first edition of this book in 1981. On August 25, 1991 Lenin's domineering statue toppled to the pavement of a free Riga in a free Latvia: no more *Lenin* Street! Now, as before World War II, trucks, cars, motorcycles, bicycles, baby buggies and feet move along Freedom Street (Brīvdābas iela).

For fifty years Latvia's culture and language were fugitives: struggling in the shadow of the powerful Soviet culture and Russian language or scattered across foreign continents like seeds in a storm. May the Latvian culture and language flourish and grow within their new freedom.

The cultural seeds most influential in the growth of this book are the Upitis family and the knitters in Minnesota who gladly shared their knowledge, especially Anna Mizens. One of the unexpected but greatly appreciated joys springing from the publication of the first edition was the formation of a knitting group, Adīšanas kōpa or "knitting together". We meet twice a month to share knitting, techniques, laughter, stories and lives. I treasure this opportunity to share with friends and to speak the facile Latvian language.

As the open sharing of many knitters provided the information for this book, so may this book enable each knitter it meets. Several mittens in the new color plates (9-16) are based upon graphs in the original text but incorporate different combinations of colors. Once the techniques are understood, enjoy your creative play with them. May the fine craftsmanship, design details and brilliant colors of yesterday inspire individual and unique creations from each of us today and tomorrow.

Warm hands and heart for all!
Lizbeth Upitis, January, 1997

ADDITIONAL TECHNIQUES

Joining Round After Cast On

1. Distribute stitches evenly on 4 needles. Needle 1 is the first cast on, now on the right (with short tail of yarn). Be certain there is no twist in the cast-on round.
2. Look at the "front" of stitches so the border color appears as a solid line on the bottom, **not** as a row of dashes.
3. Place needles in a round (actually = square!).
4. Transfer the first cast-on stitch from right end of needle 1 to left end of needle 4. The first stitch now lies beside the last stitch cast on.
5. Using right point of needle 1, lift the last stitch cast on (now 2nd stitch in from left end of needle 4) **over** the first cast-on stitch (to its left). Remove this stitch from needle 4 and place on right end of needle 1 (from whence you removed first stitch). The first and last stitches have changed places.
6. Gently tighten working and beginning yarns and proceed around, knitting in the first round of pattern. Ends will be firmed up and sewn in when knitting is completed. That's it!

Braid Variations

Many braid variations were developed or have surfaced since the first edition of this book. All are performed with the same basic requirements of purling with working yarns kept to the front of the work. Bring the last yarn on the right over or under the other yarns according to direction of twist. If you want the twist or braid to slant to the **R**ight, bring the yarn on the far right **under** the other yarns. If you want the twist to slant to

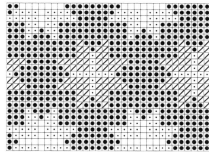
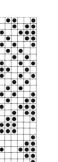
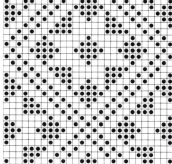

Graphs / Zīmējumi 1-3
Vidzeme, Madona, Vecgulbene

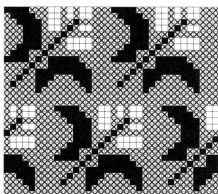

the **Left**, bring the next yarn to knit from the right end **over** the other yarns. I remember this by the word **Lover**. (Easier to remember than **Runder**.) Here's some variations on a braided theme.

1. Standard: Work with 2 strands and 2 alternating colors for 2 rounds. This is given in instructions for the child's mitten and that from Latgale: Chapters 4 and 8.

2. One color: For texture and a subtle twining effect work with 2 strands of the same color. (Plates 7c, 11b, 11f, 15b & 15c)

3. More than two: Three or more strands of different colors or mixed colors can be twisted in order. Plate 11b has 2 purple and 1 red and Plate 15c has four strands twisted **Lover** in turn: red, gold, red, green.

4. Slip stitch: Same as **1** (above). except slip the same stitch between each purl stitch in both braid rows. The braid in 14b elongates and pushes forward because of the slip stitches.

5. Braided Cast On: Follow the instructions for Cast On given in THE BASICS (page 17) **except** twist the light and dark yarns to reverse their position on finger and thumb after each stitch cast on. Always twist in the same direction. If you want two rounds of twining to produce a braid, the next round must be twisted in the same direction as the cast-on round. After the cast on and first round, you've acquired a twined strand hanging from your needles. Hold the working yarns and allow knitting to spin to release twist.

Scallop Variations

1. The scallops for mittens 12b, 15a and 15d begin with two rounds of single color braid (#2) which gives a nice line and weight to the bottom of the scallop.

2. The graph for mitten 12b follows. It has a ten stitch scallop repeat that decreases to eight stitches in the last round, so these scallops lie flat without blocking. If you begin the scallop with 100 stitches, the cuff pattern begins with 80 stitches (90 to 72 stitches, etc.)

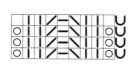

	knit
O	YO
Z	k2tog
—	purl
N	SSK
U	sl st

New Thumb Opening: In One Round

Instructions within the original mitten patterns are for a thumb opening worked in 2 rounds. This quicker and slightly larger hole is the one I always work now. Try to place thumb openings in a round with no or few color changes. The start of the round is on the side opposite the thumb.

RIGHT THUMB HOLE
Work two needles in pattern (mitten back).
Work the first stitch of needle three in the pattern of the round.
Use a half hitch cast-on, in the pattern of the round, to cast on the number of stitches on this needle less two.
Transfer the same number of mitten stitches from the left needle onto a holding thread. One stitch remains.
Knit the last stitch from the left needle.

LEFT THUMB HOLE
Work only first needle in pattern before thumb.
Work thumb hole at this location, just as in right mitten.

The "Rule of Thumb"

There are exceptions of course, but usually the top of the cuff pattern lies at the bend of the wrist. We know the wrist has a given relationship to the hand, therefore mittens look "right" when the wrist is set off by the cuff line. Knit until the palm is the length from wrist to first knuckle at the base of the thumb before making thumb hole.

Finishing for Mitten Tops

As evident from the color plates, most mittens are decreased with the palm color and a contrasting color between the decreases (see Chapters 6 and 7). This decrease allows palm designs to continue without distortion and attaches other working color(s) at the sides. The palm colors are decreased to one stitch each mitten side. The contrasting color has one stitch on each edge.

1. Break both yarns approx. 6 inches from the work.
2. Thread a blunt needle with the palm color. Pass the yarn through both stitches of that color and to the inside.
3. Thread a needle with the contrasting color between the decreases. Pass this yarn through both side stitches and through the top center to the inside.
4. Sew ends through the back of the work for a few inches to secure.

PREFACE

Why Latvian mittens?

When my husband Alvis and I met, I asked the nationality of his last name, Upitis. The answer, "Latvian", brought only vague memories of northern European geography lessons. During one trip to his parents' home, Alvis' mother brought out the box of mittens she had knit shortly after they arrived in the United States. I was in awe. The thought never crossed my mind that I was capable of knitting them.

Years passed. Our two Latvian-American children began to grow and with them grew my interest in Latvia and her textiles. The next steps seemed obvious: study and research to understand the history and designs, and to learn the techniques. This book is the result of the study to date. It is written with respect fo the craft and country, but by a foreigner.

We in the United States and Canada are fortunate to have many Latvian refugees. It is painful to leave one's homeland. Many who left wished to take something to "remember by". Mittens are both small and practical, so they often were taken as that memento. Many beautiful old mittens brought by the refugees were later given to museums such as Garezers at Three Rivers, Michigan and the Royal Ontario Museum in Toronto.

A nation of people, their crafts and culture cannot be fully discussed within a mitten book. The cultural background in the first chapter perhaps can bring a fuller understanding to these mittens and their creators.

The techniques discussed in chapters three through eight are not all the techniques used in Latvian mittens; they are the techniques shown to me by the knitters I know. The innovation of each craftsman is within each handcraft. Mittens show the individuality of their creators as well as the unity of the culture from which they spring.

The graphs in chapter nine are but a few of the known patterns. Lesina's *Latviešu cimdi raksti* alone contains more than 500 graphs. The graphs in this text were selected to represent particular designs, symbols, or districts.

As you look at the photographs in this book or inspect the mittens of an acquaintance, do not feel intimidated by the detailed knitting. They are quite portable, utterly satisfying and not as hard as you think!

Knit, as all knitters before you, one stitch at a time.

IEVADAM *(brīvi latviskots)*

Latvisku rakstu cimdi. Kādēļ?

Kad es pirmoreiz tikos ar savu tagadējo vīru, gribēju zināt, kādai tautībai pieder viņa uzvārds—Upītis. —Latviešu,—bija atbilde.

Man atmiņā uzzibsnīja kādreizējās ģeografijas stundas par Ziemeļeiropu. Bālas bija šīs atmiņas. Reiz, ciemojoties pie vīra vecākiem, mana vīramate iznesa kaudzi ar latvisku rakstu cimdiem, ko viņa bija adījusi, ierodoties Amerikā. Ka es pati spētu noadīt tādus cimdus, man neienāca ne prātā.

Pagāja gadi. Auga mūsu latviski amerikaniskie bērni. Viņiem augot, auga arī mana interese par Latviju, par latviešiem un par viņu rokdarbiem. Nākošais solis bija atziņa: mācies, izzini, mēģini izprast šīs tautas vēsturi, tās rakstus, kas gan ieausti, gan ieadīti viņu rokdarbos; izdibini veidu, kādā tie darināti. Šī grāmata ir manas mācīšanās, manu meklējumu iznākums. Tā rakstīta ar mīlestību un godbijību pret latviešu zemi, tautu un "daiļa darba" darītājiem. Rakstītāja gan nav "mūsmāsiņa", bet ir svešas zemes "tautas meita", taču ar siltu sirdi pret visu latvisko.

Mums Amerikas Savienotajās Valstīs un Kanadā ir laimējies saņemt daudz skaistu cimdu, ko latvieši savās bēgļu gaitās ir paņēmuši sev līdz un kas vēlāk nodoti dažādiem mūzejiem. Ir bezgala grūti atstāt savu tēvzemi. Ko paņemt līdz atmiņai? Cimdi ir viegli un noderīgi; tie bieži paņēmušies līdz arī atmiņai.

Tauta, tās kultūra un daiļamatniecība nav ietveŗama grāmatā, kas domāta latvisku rakstu cimdiem, bet mazs ieskats šīs kultūras īpatnībā, kas īsumā aprādīta šīs grāmatas pirmajā un otrā nodaļā, varētu dot skaidrāku izpratni par šiem cimdiem un to adītājiem.

Cimdu adīšanas veids jeb dažādās technikas, kas apskatītas no trēšās līdz astotajai nodaļai, neaptveŗ visus cimdu darināšanas veidus. Te menēti tikai daži pazīstamu adītāju zīmīgi adīšanas paņēmieni. Katrs adītājs nāk ar savu īpato adīšanas māku. Cimdos apvienojas atsevišķa adītāja īpatnība ar tautas kultūras saknēm.

Devītajā nodaļā dotie zīmējumi aptveŗ tikai daļu pazīstamu paraugu. I. Lesiņas grāmatā <u>Latviešu cimdu raksti</u> vien ir vairāk par 500 cimdu paraugzīmējumu. Šajā grāmatā izvēlētajos fotoattēlos lielāko tiesu izcelti cimdu raksti, to simboli un atsevišķie apgabali kur tie sastopami.

Ja jums gadās redzēt latviešu rokdarbu krājumus un starp tiem rakstainus cimdus vai arī apskatot tos šajā grāmatā uzņēmumos, nedomājiet, ka to izsmalcinātais adījums nav jums pa spēkam. Šis darbs nav tik grūts kā rādās. Īstenībā tas ir viegls un ar prieku paveicams. Mazs darbiņš, bet liels gandarījums. Sāciet tikai adīt, kā visi adītāji reiz sākuši: vienu valdziņu pēc otra.

4

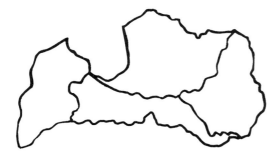

CHAPTER ONE

CULTURAL INFORMATION

An ethnic craft grows from the unique experience in the history of its people. Without some understanding of the culture and the history it is difficult to understand the development of the mitten craft. The summary of the history, culture, and designs in the first two chapters may bring a greater understanding to the techniques and graphs to follow.

HISTORICAL BACKGROUND

Latvia is a forested land on the Eastern shore of the Baltic Sea, known as an exporter of amber: The Amberland. The Latvian people feel a deep appreciation for their ancient roots. Various theories, too lengthy for discussion in this brief background, have been proposed for the prehistoric origins of the people. Regardless of their prehistoric origins, ancestors of the present Latvian and Lithuanian people have lived on the same land for centuries. Baltic tribes once occupied much of the territory from the Volga River to the Baltic Sea. Place names and excavations of hill-graves confirm this fact (Gimbutas (1963)).

The name "Baltic" for the people **and** the land began in Greco-Roman times as derived from the name of the sea. Greeks traded with the natives for their amber, *elektron* in Greek. Lithuanians and Latvians speak the most archaic Indo-European languages. Ties between these languages and the now extinct Sanskrit are strong.

There are four natural sections of the country, eventually inhabited by four distinct tribes. Lettigalians inhabited the hill and lake districts of later day Vidzeme and Latgale. The Semigallians occupied the southern flat agricultural land of later day Zemgale. The Curonians lived by and depended upon the amber-rich coast in what was to become Kurzeme. The Selonians' culture developed along the southern, left bank of the Daugava River. The languages of the tribes were closely related but distinctions carried down into the present day dialects of the districts. Mittens also show distinct characteristics by districts.

KULTŪRAS IEZĪMES

Katras tautas daiļamatniecība izaug no šīs tautas vienreizīguma un vēstures. Arī niecīga kādas tautas kultūras un vēstures izpratne palīdz saprast arī tādu mākslu un māku, kāda parādās cimdu darināšanā.

Šīs grāmatas pirmajā un otrā nodaļā īsi apskatītā latviešu tautas vēsture, parašas un cimdu raksti grib pašķirt ceļu šai izpratnei.

VĒSTURE

Mežiem bagātā Latvija atrodas Baltijas jūras austrumpiekrastē. No senu dienu viņa pasaulē pazīstama ar savu dzidro dzintaru un ir saukta arī par Dzintarzemi. Latvieši apzinās savas zemes un tautas senumu. Par latviešu tautas priekšvēsturi ir vairākas teōrijas, kuṟu iztirzāšanai šeit nav vietas. Jāpiezīmē gan, ka latvieši, tāpat arī leiši, apdzīvojuši kopš seniem laikiem un gadu tūkstošiem zemi, kuṟā viņi mīt šobaltdien. Kopš priekšvēsturiskiem laikiem baltu cilšu apdzīvotā territorija iestiepusies dziļi tagadējā Iekškrievijā, sākot ar Volgas upi līdz Baltijas jūrai. Vietu vārdi, izrakteņi un kapu vietas to no jauna apliecina (sk. Gimbutas 1963).

Vārds ,,balti", celdamies no Baltijas jūras nosaukuma, labi pazīstams grieķu un romiešu laikos. Grieķi labprāt ņēmuši pretī dzintaru ,,elektron" kā tirdzniecības maiņas līdzekli. Kā latviešu, tā leišu valoda ar savām valodas formām uzskatāma mūsu dienās par senāko dzīvo indoeiropiešu valodu ar dziļām saknēm senajā sanskritā.

Latvijas četrus apgabalus apdzīvojušas atsevišķas baltu pirmtautas. Latgaļi apdzīvojuši kalnaino, ezeraino tagadējo Vidzemi un Latgali.

Zemgaļi — līdzeno zemkopībai noderīgo zemi dienvidos, vēlāko Zemgali. Kurši dzīvojuši ar dzintaru bagātajā Baltijas jūras piekrastē — tagadējā Kurzemē. Sēļi dzīvojuši dienvidos, Daugavas kreisajā krastā. Kaut valodas radniecība tuvināja, katrs novads atšķīrās ar savu īpatnību, izloksni un dialektu. Arī katra novada cimdi nāk katrs ar savu īpatnīgumu.

Recorded history relates a series of conquests and rule by larger nations, beginning with the Order of the Teutonic Knights in 1206. Poland, Sweden, Czarist Russia and the present Union of the Soviet Socialist Republic (USSR) have also taken their turns occupying this attractive land. The Baltic tribes gradually lost their freedoms under these changing overlords. In the 18th Century serfdom was initiated in some districts, but the Balts struggled to maintain their traditional societies.

Latvians began to obtain personal freedom in the mid-nineteenth century. Cultural pride swelled with this new freedom and Latvians began to search their heritage in order to understand their unique place within the world.

The most influential work in this search for Latvian identity was done by Krisjanis Barons, affectionately called *Barontēvs* (Father Baron) by the entire country. At 45 years of age, in 1880, he began to research, collect, and catalogue the folk songs of his people and continued in this work for 35 years. Because of his dedication, nearly 36,000 *dainas* , the Latvian folk songs are preserved. They provide a base upon which all other folk investigations rest.

These *dainas* provide details of the native Latvian's daily and ceremonial life. The philosophy and mythology of this nation is expressed in the art of their rich poetry. Through these *dainas* their culture was transmitted and maintained despite the shifts in rulers.

Just as much of the life of this culture can be gleaned from a study of their simple four-lined folk songs, so can much be learned by a study of the traditions, colors, designs, and techniques of their mittens.

CULTURAL BACKGROUND

The symbols, colors, and designs of mittens were often an indication of **group affiliation** for Latvians (Roach, Eicher (1973)). Each mitten proclaimed the wearer as a Latvian to foreigners as well as to fellow Latvians. To an informed viewer, a mitten could also signify affiliation with a specific sub-group of Latvians from a specific district.

Designs or techniques were changed and transmitted slowly in agrarian societies. People traveled or moved usually only for a marriage or because of war. A clever knitter could show a friend or neighbor her new idea, but an innovation often took many years to travel more than a few miles beyond its source. Within any district, a mitten pattern from outside the district often expressed the lack of affiliation with that district more than an affiliation with any other specific district. The natural curiosity aroused by the presence of a stranger may have been increased by a peculiar pattern or technique in his mitten. Would knitters dare ask to closely inspect a stranger's mitten to uncover its mystery?

Occasionally a person could be linked to a specific township because of a unique pattern or technique. The scalloped cuff, knit only on mittens from the township of Rucava, Kurzeme province, was such an indicator.

Šīm tautām vēstures gaitā sāk uzmākties apkārtējās iekaŗotājas tautas. Ar 1206. gadu jāmin teitoņu ordenis, tad Polija, Zviedrija, cariskā Krievija un tagad Padomju Savienība. Visas tās centušās iegūt zemi pie Baltijas jūras. Baltu tautas, kaut varonīgi cīnījās par savu zemi un brīvību, pakāpeniski zaudēja savu brīvību. 18. gs. dažos novados tauta nonāk pat vergu kārtā. Sētas dzīvē latviešu tauta tomēr uztur un kopj savu kultūru. Brīvības un neatkarības doma uzliesmo jo spēcīgi 19. gs. vidū. Latvieši apzinās sevi par tautu ar savu vienreizīgumu pasaulē un cilvēcē.

Latviešu tautas gara īpatnības apziņu jo sevišķi nostiprina Krišjānis Barons, tautā saukts Barontēvs, ar savām sakārtotajām ,,Latvju dainām'', vienīgām tādām visā pasaulē. Dainu krāšanas un sistēmatizēšanas darbam Barons veltījis 35 gadus sava mūža. Dainu kārtošanas pamatā viņš licis tautas dzīvi, materiālo un garīgo.

,,Latvju dainas'' aptveŗ 36.000 tautasdziesmu un ir, valodnieka J. Endzelīna vārdiem runājot,: ,,latviešu filoloģijas stūŗakmens.'' Par stūŗakmeni dainas kļuvušas arī citos latviešu materiālās un gara dzīves novados, izteikdamas arī latviešu tautas pasaules uzskatu un reliģisko izjūtu. Pāri tam dainas pastāv līdz mūsu dienām kā izkopta augsta dzeja. Dainās saglabājies pāri visiem laikiem un svešiem valdītājiem latviešu tautas neatkarīgais kultūras ceļš.

Kā mazajās četrrindu dainās atklājas tautas dzīve, tā arī cimdu krāsās, rakstos, darināšanas veidā un to lietošanas tradicijās atklājas latviešu tauta.

KULTŪRAS IEZĪMES

Cimdu raksti, krāsas, simboli bieži izteic kāda atsevišķa novada latvisko kopību (sk. Roach, Eicher 1973). Kā svešinieku, tā saviešu pulkā cimdi rādīja, ka to valkātājs ir latvietis. Pazinējs varēja arī pēc cimda noteikt, kuŗam novadam vai apgabalam cimds pieder.

Rakstos un cimdu darināšanas veidā izkopās un uzturējās, kā jau zemkopju tautā, zināms pastāvīgums. Dzīves vietu parasti mainīja tikai sakarā ar apprecēšanos vai kaŗa spiesti. Protams, veikla adītāja atrada jaunus paņēmienus un dalījās ar draugiem un kaimiņiem. Taču maiņas prasīja gadus un neizplatījās tālu.

Cimdu atšķirība starp apgabaliem bija lielāka par kopību. Neparasts raksts vai darinājums, protams, radīja ziņkāri, tiekoties ar kādu ārnovadnieku. Taču ne vienmēr iezinkārotā uzdrīkstējās izjautāt svešo adītāju pēc viņas adījuma noslēpuma.

Ar citādu rakstu un citādu cimdu darinājuma veidu tās valkātāja arī piederēja un pārstāvēja citu novadu. Tā, piem., cimds ar robiņu valnīti nāca no Kurzemes, Rucavas novada.

Not only was it impossible for identity with a regional group to be established, but also an **individual's identity** and status was reflected in Latvian mittens (Stone (1962)). Well-knit mittens displayed the talents of the knitter. Mittens were important gifts for many occasions and came to symbolize the depth of feeling within the knitter.

Mittens helped to establish a girl's identity, particularly within the ceremonies and traditions of marriage. This is beautifully expressed in the *dainas*, but the succinct poetry of *dainas* are difficult to translate. Some translations are included, however, with the hope of conveying part of their spirit and through a desire to show the significance of both mittens and *dainas* within the traditional Latvian culture[1]. The marriage customs described here are taken from accounts of traditions in Krustpils township (Ligers, Dzervite, Legzdins (1957)).

Role of Mittens in the Rites of Marriage

To a great extent, a young maiden could prove herself worthy of marriage through the quality and quantity of mittens she knit. Young girls often knit as they watched the cows and sheep in the pasture. The maiden's eyes were not always turned to the sheep or their knitting, as this *daina* relates.

> I was knitting color'd mittens
> At the birch tree gazing round;
> Many leaves are in the birch tree,
> Many colors — mitten mine.
>
> 7239

These shepherdesses sometimes learned to knit as young as four or six years of age and carried knitting with them during their other tasks. An industrious maiden contributed much to her dowry by filling a chest, the *pūra lāde*, with her hand work.

> Many mittens am I knitting
> Putting in my dowry chest
> When the rich girls have been taken,
> Then will I come in their mind.
>
> 7227

When young men went in search of their life's partner, the maidens presented their very best mittens, embroidered handkerchiefs, and strong socks called "brass" (*misiņa*) socks. These gifts apparently could be quite persuasive, at least to a practical young man.

> Pretty knitter is that maiden,
> She will be my loved bride,
> I will give her my hand manly,
> And to her my ring of gold.
>
> 7313

or the opposite:

> Dear, dear maiden,
> What a mitten! — hands are freezing.
> Have you knitted those cold mittens
> Sitting on a freezing stone?
>
> 25455

[1]The numbers at the bottom of the dainas refer to the numbers assigned in the comprehensive volumes, *Latviešu tautas dziesmas*, Svabe, Straubergs, Hauzenberga-Sturma, redaktori; Imanta, Kopenhagena, 1953

Taču cimdi pauda ne tikai kāda apgabala īpatnību, tie pauda arī pašas adītājas īpatnību, arī tās sabiedrisko stāvokli (sk. Stone 1962). Rūpīgi adīti un skaisti cimdi stāstīja par adītājas izdomu un apdāvinātību. Cimdi bija nozīmīga dāvana dažādos gadījumos un arī adītājas dažkārt apslēpto jūtu izteicēji.

Cimdi it kā atklāja jaunas meitas dabu un bija jo sevišķi nozīmīgi vedību paražās, par ko tik zīmīgi daino dainas. Diemžēl, kā katra būtiska dzeja, dainas īsti nepadodas tulkojumam. Taču šajā grāmatā būs dažas angļu valodā pārtulkotas dainas, cerībā kaut cik atklāt tās garu un sakaru ar latviešu kultūru, ar latviskiem cimdiem.[1] Vedību paražas, kas šeit aprakstītas, ņemtas no Krustpils novada (sk. Liģeru, Dzērvīti, Legzdiņu 1957).

Cimdu nozīme vedību paražās

Jauna meita ar pašadīto cimdu labumu un daudzumu lielā mērā varēja sevi parādīt kā darbos tikušu, prātam tīkamu tautu meitu, ko tautu dēls labprāt gribētu ievest savā sētā.

Jaunas meitas parasti mēdza adīt, ganot aitas vai govis. Ne vienmēr viņas acis bija pievērstas lopiem; tautu dziesma par to stāsta tā:

> Es adīju raibus cimdus,
> Bērziņā lūkojot;
> Cik lapiņu bērziņā,
> Tik raibumu cimdiņā.
>
> 7239

Reizēm ganu gaitas uzsāka jau ar ceturto vai sesto dzīvības gadu, tad iesāka arī mācīties adīt. Čakla meita centās savu pūru piedarināt ,,bagātiem gabaliem''

> Adu cimdus, kulainīšus,
> Lieku pūra dibenā;
> Kad labās izvedīs,
> Tad ar' mani iedomās.
>
> 7227

Līgavu lūkojoties, ne reti līgavainis dabūja redzēt iecerētās daiļi izrakstītos cimdus un ,,misiņa'' zeķes, tās tika arī iedāvinātas; dažam praktiska prāta puisim tas noderēja par labu pamudinājumu.

> Smuki ada tā meitiņa,
> Tā būs mana līgaviņa,
> Tai es došu sav' rociņu,
> Savu zelta gredzentiņu.
>
> 7313

Vai pretstatā:

> Ai, ai tautu meita,
> Tavu cimdu! — rokas sala.
> Vai tu biji adījusi,
> Uz akmeņa sēdēdama?
>
> 25455

[1]Numuri pie dainām norāda uz numuriem ,,Latviešu tautasdziesmu'' sējumos. Apgāds Imanta Kopenhāgenā 1953.g.

Other *dainas* speak of the folly if a young man chooses the pretty hand over a warm one.

When the important choice has been made, the would-be groom, accompanied by one other person, came to call on the lucky maiden.

> Good evening, maiden's mother
> As you see my hands are freezing;
> All the while my mitten knitter
> Snugly in your room is sitting.

If the match was agreeable to all, the couple toasted one another and the maiden presented mittens and socks to her suitor. A marriage contract was settled upon by the two families. A full dowry chest decreased the number of cattle necessary to complete the bargain. Often many women in the family contributed to this chest.

Arrangements were made to have the banns read and mittens were given to the minister for this registration. Weddings generally took place in the autumn, a time of plenty and natural celebration after the harvest. What preparations would be made from this plenty! As the dowry chest was put in order, everything should be 'aired'.

> All the bushes, little branches,
> Are awaiting my adornment;
> To some mittens, socks to others,
> Juniper has my lovely shawl.
> 25557

Beer, cheeses and breads were prepared and all the house and buildings put in order for the wedding.

Wedding celebrations generally lasted three or four days. Festivities began with the journey to the church, returned to the bride's house, and later paraded to the couple's future home at the groom's house.

Before the ceremonies began, the "bread father" and "bread mother" (*maizes tēvs* and *maizes māte*) hurried to bring food from the groom's house to the bride's house to set on either end of the table for the wedding feast. Mittens were given to the 'bread parents' for their efforts.

At the church, the bride and groom each had a couple who acted as their patrons. Special invitations were extended to these important couples, generally a man and wife, and a pair of mittens were given in appreciation. Mittens were given to the bride's carriage driver who tied them in a fancy arrangement with a belt around his hat. The bride and groom both wore embellished mittens, called "brass" (*misiņa*) to symbolize life's strong but beautiful bond between them.

After the church ceremony, everyone returned to the bride's house to seal the marriage contract with a meal. At this symbolic "eating of the marriage" (*laulības noēst*) the bride and groom ate with mittened hands. Witty, teasing, sometimes mocking songs followed the feast and often continued through most of the night.

Dažas dainas runā par jauna puiša neprātu, izvēloties skaistu roku — siltas rokas vietā.

Kad nopietnā izšķiršanās bija notikusi, līgavainis, vedējtēva pavadīts, devās pie līgavas vecākiem.

> Labvakar, meitu māte,
> Man rociņas nosalušas;
> Mana cimdu adītāja
> Sēž tavā istabā.

Kad visu prāti bija apmierināti, derības noslēgtas, jaunais pāris uzdzēra viens otram un saderētā pasniedza precniekam cimdus vai zeķes. Divas ģimenes saistīja derību līgums. Pūram piederējās arī zināms skaits lopu. Bieži pārējās sievietes ģimenē ziedoja pūram kaut ko no savas puses.

Uzsaukšanas dienā mācītājs saņēma kā pateicību un nodevu — cimdus. Vedības parasti rīkoja rudeni, kas pēc apkūlībām bija bagātākais gadalaiks. Iesākās gatavošanās vedību svinībām. Arī pūrs bija pārcilājams un pārvēdināms.

> Visi krūmi, žagariņi,
> Gaida mani puškojot;
> Citam cimdi, citam zeķes,
> Paeglītei vilnānīte.
> 25557

Darināja alu, sēja sieru, cepa maizi, spodrināja māju, apkopa visu sētas dzīvi.

Vedības parasti ilga trīs līdz četri dienas. Svinības vēlākos laikos iesākās ar baznīcā braukšanu. Pēc baznīcas atgriezās līgavas mājās, no tām devās uz līgavaiņa sētu.

Vedību parašas ievadīja ,,maizes tēvs un maizes māte'', kas, atnesuši no līgavaiņa mājām maizi, nolika to uz svētku galda. Šiem ,,maizes vecākiem'' katram krita pa cimdu pārim.

Baznīcā kā līgavu, tā līgavaini pavadīja dižvedējs un dižvedēja, sevišķi izraudzīts pāris, parasti vīrs un sieva. Par atzinības zīmi arī viņi saņēma cimdus. Cimdi piekrita arī līgavas aizvedējam uz baznīcu. Viņš tos lepni piejoza savai cepurei vai pārmeta pāri plecam. Līgavai un līgavainim bija paši greznākie cimdi, bieži dēvēti par ,,misiņa'' cimdiem kā skaistas un stipras dzīves apliecinājums.

Pēc baznīcas visi iegriezās līgavas vecāku mājās vedību mielastam. Līgava un līgavainis ,,noēda'' laulības cimdotām rokām. Atjautu pilnas apdziedāšanās dziesmas pavadīja mielastu un nerima līdz vēlai naktsstundai.

With joyous display, the dowry was taken to the groom's house. The driver of the carriage for the dowry chest came from the groom's home. When he arrived at the bride's house, the horses were often decorated with small woven bands called *prievites* and the driver was given mittens. The carriage for the dowry chest took its place directly behind that of the bride in a procession of all the dowry agreed upon, i.e. cows, horses, sheep, etc.

Mičošana was the ceremony to remove the maiden's coronet, called *vainags*, and replace it with the matron's cap or scarf. This "rite of passage" most often took place at the groom's homestead, often in the granary, and usually after dark. The *vainags* was removed and replaced with the matron's cap. The maidens and matrons then played a game to see who would win the bride; but the matrons always won!

THEN the dowry chest was opened and distributed. The young bride had worked years toward this moment. The new relatives formed a circle facing the bride and her dowry chest. Her new mother and father-in-law were closest, in a place of honor. Her other new relatives gathered around in order of the importance of their relationship.

Anticipation mounted as everyone waited to see what was inside. Mother-in-law received the first presentation of shawl, belt, mittens, and socks. Mittens and a shirt were given to her father-in-law. Then mittens or socks to the groom's brothers, sisters and all remaining relatives. And then gifts to the kitchen helpers.

Mixed emotions are described in the *dainas* for both the giver and receivers.

> Singing was I knitting mittens,
> Even as my hands were freezing;
> Crying gave I them to others,
> In a warm room, far from homeland.
> 25525.1

> Brother's new bride gave me presents,
> Quite peculiar were the presents:
> Fingered socks,
> Not fingered mittens.
> 25464

The dainas are truly reflections of the people who composed and sang them. As people are not perfect, this was also related in song.

> To my mother was I thankful
> A man she found without a mother,
> Without brothers.
> Need no socks, need no mittens,
> Need no brightly color'd shawl.
> 48104

> Just two mittens, half a stocking
> In my dowry chest were laying;
> After did I all my sharing,
> Still had I there some remaining.
> 25522

Would you accept a half-knit sock?

Priecīgu izdarību pavadīts, līgavas pūrs tika aizvests uz līgavaiņa mājām. Pūra vedējs nāca no līgavaiņa puses. Viņš ieradās ar prievītēm pušķotiem zirgiem, par vedumu viņš saņēma cimdu pāri. Pūra ratiem sekoja līgavas pajūgs, ko pavadīja govis, zirgi, aitas, viss, kas saderēts par līgavas pūra tiesu.

Lai līgavu ievestu sievas kārtā, notika mičošana — meitas vainaga noņemšana, sievas auta uzlikšana. Mičošana parasti notika līgavaiņa mājās, klētī, kad diena gāja uz vakara pusi. Meitas un sievas sacentās ar dziesmām pēc līgavas. Uzvarētājas, protams, bija sievas.

Tad pacēla pūra vāku, un sākās pūra dalīšana. Jaunā sieva bija šim brīdim gatavojusies gadiem. Līgavaiņa radi sastājās ap pūru lokā. Vīramāte un vīratēvs stāvēja vistuvāk, goda vietā. Pārējie radi nostājās pēc radniecības tuvuma.

Sasprindzinājumā visi vēroja pūru. Vīramāte saņēma pirmā vilnaini, jostu, cimdus, zeķes. Vīratēvam — cimdi un krekls. Vīra brāļiem — cimdi, zeķes, tāpat vīramāsām un pārējiem radiem. Arī vedību mielasta cepēji un varītāji nepalika bešā.

Dainās apdziedātas kā devējas, tā saņēmēju dažādās izjūtas.

> *Adu cimdus dziedādama,*
> *Savas rokas saldēdama;*
> *Raudādama izdalīju*
> *Siltā tautu istabā.*
> *25525.1*

> *Mārša man iedeva*
> *Dīvainas dāvanas:*
> *Pirkšķainas zeķes,*
> *Dūrainus cimdus.*
> *25464*

Dainas patiesi atspoguļo savus sacerētājus un tos, ko viņas apcerēja. Cilvēku vājības nepalika neapdziedātas.

> *Paldies saku māmiņai*
> *Dabūj' vīru bez māmiņas,*
> *Bez īstiem bāliņiem.*
> *Nevaj'g zeķu, nevaj'g cimdu,*
> *Nevaj'g raibas villainītes.*
> *48104*

> *Divi cimdi, pus zeķītes*
> *Bij manā pūriņā;*
> *Kad man bija dalīšana,*
> *Vēl man bija atlikšana.*
> *25522*

Kam gan derēs pusadīta zeķe!

What a husband — fitting as a mitten!

Fitting one another as a mitten to a hand.

807.
Tad i vīrs — kā cimds!

808.
Satiek (sader) kā cimds ar roku.

The dowry chest was, usually, now empty but remained open for the wedding guests to replenish with money and gifts to help the new couple into their new life.

As a sign of acceptance, the new bride was then guided by her new mother-in-law throughout the homestead. They were accompanied on their tour by singing wedding guests. A gift was to be presented by the bride at each important stop on their way. These gifts symbolized hopes for a good and prosperous future within this new life.

> For the ram lay out some mittens,
> To the pig-sty go long stockings;
> Next year at this same time, sister,
> You will need the pig, the ram.
> 25579

The young bride would not step across the threshold to her new home until she had laid down a pair of mittens. She hung mittens or socks on the hooks above the hearth and the hook of the well-sweep. She tied them to important doors. The animals symbolically received gifts at their pig-sty, sheepshed, cow byre and horse stable. The fruit trees, bushes in the garden and bee-hives all received presentations of mittens with hopes for a productive future. Most of these offerings were later retrieved by the mother-in-law.

Tales of the number of mittens necessary to suitably fulfill these marriage rites estimate between one and two hundred pairs!

The rituals were now complete and the new wife began her tasks as a married woman. She became acquainted with the life in her new home. Winter approached. Knitting was resumed.

Kad pūrs bija izdāvāts, pūra vāku neaiztaisīja; pūra lāde palika vaļā: dāvanām, naudai no viesu puses, lai palīdzētu jaunajiem viņu jaunajā dzīvē.

Tad vīramate izvadāja jauno sievu (jaunuvi) pa viņas nākošo dzīves vietu; viņām sekoja vedību viesi. Katrā nozīmīgā vietā līgavai vajadzēja apstāties un mest kādu ziedu (dāvanu), lai jaunajai dzīvei būtu sava svētība un lai dzīve nākotnē paškirtos.

> *Liec, māsiņa, āžam cimdus,*
> *Cūkkūtei gaŗas zeķes;*
> *Citu gadu šādu laiku*
> *Āža, cūku vajadzēs.*
> *25579*

Jaunuve nepārkāpa mājas slieksni, iekām tam nebija ziedojusi cimdu pāri. Viņa pakāra cimdus gan pie pavarda, gan pie akas vindas, gan pie klēts un kūts durvīm. Neviena nozīmīga vieta netika aizmirsta. Arī augļu koki, ogu krūmi, bišu dravas tika iedomātas auglīgas nākotnes cerībā. Ziedus mēdza vēlāk salasīt vīramāte. Stāsta, ka līgavai vajadzējis no simt līdz divsimt cimdu pāŗu, lai visus apdāvinātu un visām vietām ziedotu, kā to paraža prasīja!

Kad vedības bija nosvinētas jeb kāzas nodzertas un paražas godam ievērotas, jaunā sieva uzsāka savas sievas gaitas. Tuvojās ziema. Iesākās adīšana.

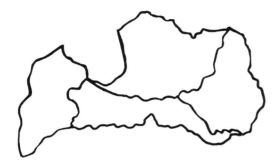

CHAPTER TWO

TRADITIONAL COLOR AND DESIGN

The social significance of mittens for the people did not dictate the designs or colors of their mittens. As an agrarian society in a northern climate, Latvians benefited from the additional warmth that multicolored patterns provided. Each color added to knitting means another yarn must be carried across the back. These floating yarns provide loft and trap body-warmed air.

The physical necessity for warmer multicolored mittens did not dictate which colors or designs would be chosen. Colors used by an agrarian society were either those available from local dye plants or through trade with other cultures. Throughout Latvia the colors chosen were green, yellow, red and blue. These were considered "primary" colors, out of which all other colors were made (Brastins (1978)). (Perhaps green is given this unusual prominence due to the importance in a northern culture of its seasonal return and the life that it symbolized?)

Color choices either from plant sources or by trade have little influence on choice of design. A particular design can acquire a special significance within the philosophy and lives of a group of people.

Most of the geometric designs seen in present Latvian crafts derive from symbols believed to illustrate the traditional mythology of the original Baltic tribesmen. As with language, there were regional differences in use and interpretation, but all the symbols share a common source. The *dainas* and symbols accompany the ancient philosophy and mythology. All form a base for the uniqueness of the culture. Both the mythology and the symbols derive from the natural cycles of life.

SYMBOLS

These traditional symbols are given with some information on their accepted connections to the Latvian folk mythology (Dzervite (1973)). They are offered with the hope that as you knit you can recognize the designs and begin to respond to each as a friend at hand. Numbers are given after the symbols which refer to color plates containing that symbol.

OTRĀ NODAĻA

TRADICIONĀLĀS KRĀSAS UN RAKSTI

Latviešiem sabiedriskais stāvoklis nenoteica cimdu krāsas un rakstus. Zemkopju tautai ziemeļu klimatā daudzkrāsainie un rakstainie cimdi deva siltumu. Ikkatra papildu krāsa bija arī papildu dzijas pavediens, ko ieadīja cimdā. Pārstaipi cimda iekšpusē padara cimdu biezāku un neļauj aizplūst siltumam.

Vajadzība pēc siltiem cimdiem nenoteica krāsas vai rakstus. Krāsas lauku ļaudis ieguva no augiem, koku mizām vai arī tirdzniecībā ar citām zemēm un tautām. Visā Latvijā parastās krāsas bija zaļā, dzeltenā, sarkanā un zilā. Tās uzskatīja par pamatkrāsām, no tām radās visas pārējās krāsas (sk.: Brastiņš 1978). (Zaļajai krāsai varbūt piešķirta savā ziņā izcila vieta tādēļ, ka tā izteic gadskārtējo dzīvības atgriešanos dabā, kas ļoti nozīmīga ziemeļu tautām).

Krāsām, vienalga, vai tās ņemtas no augiem, vai no citām zemēm, maz ietekmes raksta izvēlē. To gan var ietekmēt apkārtnē dzīvojošo cilvēku uzskati par kādas krāsas vai raksta nozīmīgumu.

Ģeometriskie raksti, kas redzami tagad latviešu lietiskā mākslā, radušies no simboliem, kas, domājams, senāk saistījās ar mītoloģiju. Kā valodā, tā rakstos varēja būt dažādība dažādos apgabalos; arī atšķirība tās lietošanā un iztulkojumā, bet kā valoda, tā raksti norāda uz kopēju izcelsmi. Dainas un rakstu simboli ir senās filozofijas un mītoloģijas liecinieki, kas dod arī ieskatu kultūras īpatnībā. Kā mītoloģija, tā simbolisms radušies dzīves un laika dabiskā attīstības gaitā.

SIMBOLI

Latviešu rakstos sastopamie tradicionālie simboli te doti kā īsa informācija par šo simbolu saistību ar latviešu tautas seno mītoloģiju (sk.: Dzērvīte 1973). Tie ir rādīti cerībā, ka, pazīstot šos rakstus, tie adot izliksies kā tuvi draugi. Numuri pie simboliem atbilst krāsu uzņēmumiem, kuŗos šie simboli sastopami.

The first three symbols represent the three main mythological figures in the Latvians' daily life.

Pirmie trīs simboli pārstāv trīs galvenos ar mītoloģiju saistītos rakstus.

God

Evidence from the *dainas* verifies that pre-Christian Balts believed in a single great and powerful deity. He dwelt on high, near the sun, as expressed in this symbol by the height of the triangle and the circle above. [Plates 1a, 3a, 5f]

Dieva raksts

Dainas liecina, ka baltu tautas jau priekš Kristus ir ticējušas vienam Dievam. Viņš dzīvo debesīs, tuvu saulei (sk.: Dzērvīte; Brastiņš). Rakstos debesu augstums izteikts ar trīsstūri un saule—ar apli virs tā (1a, 3a, 5f).

Mara

The zig-zag is an ancient design element seen on the oldest pottery found throughout the Baltic region. Mara, a powerful helper of God, protects all cattle and water and is often depicted by this symbol. She was present at each birth and death so has an enigmatic good/evil nature. She was especially honored in Latgale, sometimes called Mara's land. [Plates 1a, 1b, 2d, 2f, 3a, 3d, 3e, 4b, 7f, 8a]

Māras raksts

Līkļoču zīme ir sens rakstu elements, ko uzskata par Māras zīmi. Tas redzams uz seniem atrastiem podu izstrādājumiem un rotām. Māra ir Dieva palīdze. Viņa sarga lopus un ūdeņus. Viņa ir klāt dzimšanas un miršanas gadījumā, viņai ir mīklaina dievišķīguma un arī velnišķīguma iedaba. Māra sevišķi godināta Latgalē, ko arī dēvē par Māras zemi (1a, 1b, 2d, 2f, 3a, 3d, 3e, 4b, 7f, 8a).

Laima

Laima is in command of one's destiny and controls the fate of one's future. She is spoken of in connection with the fir-twig or broom, either of which can be seen in this symbol. Her name is similar to the Latvian word for happiness or good fortune: Laime. [Plates 1e, 7e, 8f]

Laimas raksts

Laimas simbols ir skujiņas vai slotiņas raksts. Laima ir cilvēka likteņa lēmēja. Viņa rūpējas par bāreņiem. Viņa tāpat kā Māra ir klāt dzimstot, bērnu laižot pasaulē un mirstamā brīdī (1e, 7e, 8f).

Jumis

Fertility and well-being are personified through Jumis. He is represented by crossed stalks of grain, bent and heavy with seed. [Plates 1b, 5f]

Jumja raksts

Ar Jumja zīmi izteikta auglība un labklājība. Tā simbols: divi sakrustoti labības stiebri, kas līkst aiz smaguma graudu pilno vārpu dēļ (1b, 5f).

Usins

The sun is depicted as a powerful woman. Ancient folk tales relate that Usins is the driver of the sun's carriage in her journey across the sky. He enables her return to the land in the spring. This recent design representing that tale is found on few mittens. [Plate 4e]

Ūsiņa raksts

Tautas dziesmas un teikas stāsta, ka Ūsiņš ir gādnieks par zirgiem. Viņš ir arī ,,saules ratu braucējiņš''. Viņa nopelns ir saules atgriešanās pavasarī, jo Ūsiņš ir saules vedējs. Ūsiņa raksts attēlo divus zirgus (4e).

Cross and Cross of Crosses

The cross is an ancient design. Many pre-Christian textiles used this symbol. It is often incorporated into the center or borders of other designs. Many fine examples of Cross of Crosses are found on mittens, especially from the coastal townships in Kurzeme. [Plates 1a, 1c, 1d, 2a, 2d, 2f, 3d, 4f, 5a]

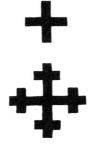

Krusta un krusta krusta raksts
Krusta raksts ir sens rakstu simbols, daudz lietots jau sen priekš Kristus. Bieži šis raksts likts citu rakstu centrā vai malās. Krusta krusta raksts ir krusta raksta dažādojums. Daudz skaistu krusta krusta paraugu sastop dūraiņos, sevišķi Kurzemes jūrmalas novados (1a, 1c, 1d, 2a, 2d, 2f, 3d, 4f, 5a).

Adder (Serpent)

An ancient and very popular sign, the adder is seen in all media from all districts. The *dainas* explain that adders must be protected because of a connection between them and Laima. [Plates 1c, 2d]

Zalkšu raksts
Sens un ļoti iemīļots raksts ir zalkšu raksts, kas redzams dažādos izstrādājumos visos Latvijas apgabalos. Dainas apdzied zalkti kā aizsargāmu; viņam ir sakars ar Laimu, ar dzīvību, ar miruša dvēseli (1c, 2d).

Firecross

Many variations of this symbol are found on the oldest textiles of Latvia. It is one of the oldest symbols in the world. Ancient Latvian textiles are found with both right and left pointed firecrosses. Within the Latvian mythology, it symbolizes light, fire, health and prosperity.

This sign is associated with Perkons, the heavenly blacksmith who was in charge of thunder.

He could protect crops and frighten intruders.

It is seldom used on mittens but a few examples are found from the coast of Kurzeme, between Rucava and Barta. [Graph 12]

Ugunskrusta raksts (svastika)

Šis simbols Latvijā atrodams ļoti daudzās variācijās visvecākos adījumos un audumu izrotājumos. Tas ir viens no visvecākiem simboliem vispār pasaulē. Seno latviešu adījumos var atrast abu veidu ugunskrustus: ar noliekumu uz labo vai uz kreiso pusi. Latviešu mītoloģijā šis raksts simbolizē gaismu, uguni, veselību, labklājību.

Šai zīmei ir arī sakars ar Pērkonu, debess kalēju. Viņš pasarga ražu, aizbiedē uzbrucējus. Cimdos šis raksts lietots ļoti reti; daži paraugi atrasti Kurzemes jūrmalas novados, Rucavā, Bārtā (zīm. 12).

These last symbols derive from the signs of the heavens

Debesu spīdekļu simboli

Sun

Originally a simple circle, the sun is a popular symbol with many variations. The most popular variations today have eight parts. This symbol is found less on mittens than on other textiles, perhaps because of the grid shape inherent in knitting which makes it difficult to obtain a curve. A few beautiful samples come from Kurzeme, Nica township. [Plates 6f, 7a, 7d, 7f]

Saules raksts
Pirmrakstā saules raksts parādās vienkārši kā aplis. Saules raksts ir iemīļots simbols ar daudzām variācijām. Kā vispopulārāko variāciju tagad mēdz sastapt astoņdaļu saulīti. Šis simbols gan mazāk sastopams cimdos, vairāk audumos. Tas varbūt tāpēc, ka šis raksts grūtāk izadāms. Daži skaisti paraugi ar šo simbolu nāk no Nīcas pagasta, Kurzemē. Saules raksts izteic gaismas, siltuma un dzīvības domu (6f, 7a, 7d, 7f).

Austra's Tree

The sun is poetically described as leaping from this tree of light each morning. The *dainas* sing of its golden branches, copper roots, and silver leaves. This tree requires a base on which to grow, so is not often knit in mitten palms. There are some pleasing border designs for mitten cuffs. [Plates 1a, 1b, 2f, 3a, 8b, 8c]

Austras koka jeb saules koka raksts
Dainas apdzied saules uzlēkšanu rītos kā gaisma koka izaugšanu. Viņas daino par zelta zariem, vaŗa saknēm, sudraba lapām. Šim kokam vajag pamata, uz kuŗa augt, tāpēc to bieži neada cimdu plaukstas daļā, bet lieto cimda aprocē kā skaistu apmales rakstu (1a, 1b, 2f, 3a, 8b, 8c).

Moon and Moon Cross

This symbol is seen less frequently. It was often a symbol for warriors and is seen on several men's mittens, especially in the later development of four symbols together. [Plates 1b, 4d, 5e, 7b]

Mēness un mēness krusta raksts
Mēness raksts sastopams variācijā ar zvaigžņu rakstu. Šis raksts nav bieži lietots. Atrodams vīriešu cimdos. Vēlāk attīstījies mēness krusta raksts, kas salikts kopā no četriem simboliem. Gaismas simbols (1b, 4d, 5e, 7b).

Cross-Hatch Star

The star was believed a symbol of the soul which could be given or retrieved by God. This ancient sign is found in all techniques, times and districts. Stars were believed to protect from evil at night. [Plates 1a, 2e, 3c, 3e, 4b, 5a, 6b, 8a, 8b, 8d]

Četrstūŗu zvaigznes raksts
Šī senā zīme ir atrasta visās technikās, visos laikos un visos apgabalos. Zvaigznes pasarga naktīs no ļauna, ir ceļa rādītājas (1a, 2e, 3c, 3e, 4b, 5a, 6b, 8a, 8b, 8d).

Morning Star

The morning star was personified as Auseklis. This was a particularly powerful star for Latvians as well as many other northern cultures. A later symbol than the simple cross-hatch star, it became quite popular in Kurzeme, as also in much of Scandinavia. [Plates 1b, 1d, 1f, 3d, 5e, 6e, 7c, 7e, 7f]

Ausekļa raksts jeb Rīta zvaigznes raksts
Rīta zvaigzne, saukta Auseklis, ir zvaigžņu raksta dažādojums. Ļoti iemīļots, daudz lietots raksts Latvijā. Pazīstams arī citām ziemeļu zemju tautām (1b, 1d, 1f, 3d, 5e, 6e, 7c, 7e, 7f).

REGIONAL PREFERENCES

Several colors were combined in the mittens of each district. Just as the districts had distinctions of topography and language, so did certain distinctions develop in color and design preferences or combinations. Precise borders cannot be drawn to separate the districts, but the following observations on colors and designs should help in the search for a proper color and design balance. (Legzdins (1947)).

APVIDU ATŠĶIRĪBAS

Katrā apgabalā cimdiem izraudzītas dažādas krāsas un krāsu kombinācijas. Tā kā starp apgabaliem bija savas topografiskas un valodas atšķirības, tāpat zināmas īpatnības attīstījās krāsu un rakstu kombināciju izvēlē. Noteikstas robežas starp apvidiem nav novelkamas, bet daži norādījumi par krāsu un rakstu attieksmēm būs palīdzīgi, meklējot īsto līdzsvaru starp krāsām un rakstiem (sk.: Legzdiņš 1947).

• **Latgale**

Latgale kept many very old patterns and color choices. The western area around Krustpils, where the Aiviekste River flows into the Daugava became a center preserving ancient Lettigalian designs and colors (Brastins (1978)). Red, green, yellow and blue were all used in bright, true tones, often on a white background. Many mittens were fringed, generally with two rounds, the first round in white. [Child's mitten/sampler]

Designs of eastern Latgale show influence from neighboring countries. The colors are the same, but blue and red dominate the larger designs, frequently on dark backgrounds. Flower designs are often found in the eastern areas as well as the traditional symbols. These suggest influence from eastern Slavic neighbors.
[Plates 2b, 4d, 4e, 6e, 6f]

• **Zemgale**

Knitters of this southern district preferred black, brown, green and blue in mittens, rarely white or yellow. The dark colors and design elements differ from traditional symbols and show the influence of extended contacts with Poland. These mittens are occasionally fringed. This district has fewer mittens than other districts. Their creativity was expressed in various other textiles. [Plates 2f, 5e, 5f, 8b]

• **Vidzeme**

Colors of this district are white, black, grey, and red, less frequently yellow or violet. A single round of fringe often combines a light and dark color. Mittens with white backgrounds traditionally have dark, medium large designs. Few flower patterns are found in Vidzeme. [Plates 3a, 3b, 3c, 4a, 4b, 5d, 7e, 8a]

• **Kurzeme**

Seacoast Kurzeme originally used the same local dyes as the other districts. Trade introduced foreign and chemical dyes to this rich coastal district years before they were available in the rest of Latvia. Orange, magenta, and a true black from these dyes were incorporated into all regional folk dress and sometimes overshadowed the standard red, green, yellow, and blue. Kurzeme has few fringed mittens.

More mittens are preserved from Kurzeme than from the other districts.[2]

The large variety of mittens from Kurzeme permit a more detailed explanation of the differences within the districts. These are given with the hope of demonstrating how mittens were used to ''identify'' a stranger.

Southern *Rucava* has many fine gloves and mittens with the scalloped cuff unique to this district.

Palm designs are small and fine, making it sometimes difficult to distinguish which color is the background. Color choices are bright red, green, black, violet and yellow. [Kurzeme instructions]

Latgale

Latgale ir uzglabājusi ļoti senus paraugus kā rakstu, tā krāsu izvēlē. Rietumos, apgabalā ap Krustpili, kur Aiviekste ietek Daugavā, ir centrs, kas saglabājis senus rakstus un krāsas (sk.: Brastiņš 1978). Ir lietots sarkans, zaļš, dzeltens un zils spilgtos pamattoņos, bieži uz balta pamata. Daudz cimdu ir ar bārkstīm, parasti divkārtu, pie kam pirmā kārta ir balta.

Austrumlatgales raksti rāda kaimiņu zemju ietekmi. Krāsas ir tās pašas, bet liela izmēra rakstos zilais un sarkanais ir pārsvarā un bieži uz tumša pamata. Austrumu apvidos bieži sastopami kā puķu raksti, tā arī tradicionālie simboli. Puķainie raksti ienākuši no slaviem (2b, 4d, 4e, 6e, 6f,).

Zemgale

Zemgales dienvidus daļā adītājas dod priekšroku melnai, brūnai, zaļai un zilai krāsai, retāk baltai un dzeltenai. Tumšās krāsas un rakstu atšķirība no tradicionāliem simboliem norāda uz poļu ietekmi. Cimdi tikai retumis adīti ar bārkstīm. Šim apgabalam ir mazāk dūraiņu nekā citiem apgabaliem. Viņu izdoma izpaužas dažādos audumu izstrādājumos (2f, 5e, 5f, 8b).

Vidzeme

Vidzemē lieto baltu, melnu, pelēku un sarkanu, retāk dzeltenu vai mēļu krāsu. Cimdiem vienkārtas bārkstis, kas bieži saskaņotas ar tumšo un gaišo krāsu. Uz balta pamata cimdi pēc tradicijas ir izadīti ar vidēja lieluma rakstiem tumšā krāsā. Vidzemē sastop arī puķu rakstus (3a, 3b, 3c, 4a, 4b, 5d, 7e, 8a).

Kurzeme

Kurzemes jūrmalas apvidos lieto tās pašas augu krāsas kā citos apgabalos. Tirdzniecība iepazīstināja bagātos piekrastes apvidus ar svešzemju ķīmiskām krāsām daudz gadu agrāk nekā tās bija pieejamas citos Latvijas apgabalos. Apvidus tautas tērpos sāka ieaust oranža, purpura un dziļi melnu krāsu, kas dažreiz pat aizēnoja parasto sarkano, zaļo, dzelteno un zilo krāsu. Kurzemē ir maz bārkstaino cimdu.

No Kurzemes ir saglabājies vairāk cimdu nekā no citiem apvidiem.[2] Lielā Kurzemes cimdu dažādība dod iespēju labāk izprast apvidus atšķirības. Aizrādu uz to, cerībā, ka zinot, kā un kādus cimdus lietoja, var pateikt, kuŗš ir savietis, kuŗš — svešinieks.

Rucavai ir daudz skaistu cimdu ar robainām aprocēm, kas ir īpats adīšanas veids šim apvidum. Plaukstu raksti ir mazi, sīki, dažreiz pat grūti izšķirt pamatkrāsu. Krāsu izvēle: spilgti sarkana, zaļa, melna, mēļa un dzeltena (Norādījumi par Kurzemes cimdiem).

---

[2]*Latviešu cimdu raksti*, I. Lesina contains 206 mitten patterns from Kurzeme and approximately 120 from each of the other districts.

[2]*I. Lesiņas ,,Latviešu cimdu rakstos'' ir 206 dūraiņu paraugi no Kurzemes un ap 120 no ikviena cita apgabala.*

Nica and **Barta** townships are north of Rucava, along the Baltic coast. There are only 12 to 20 miles (20 to 32 km) separating these districts from Rucava but their designs and colors differ immensely. Colors are black, white and a singular red (nearly orange) not used in other districts. The designs from these districts are generally large and ornate. Nica has a rich variety of sun and star designs, while Barta prefers the firecross. [Nica: Plates 1f, 3d, 3e, 7d/Barta: graph 12]

Further to the north, **Alsunga** (Alsvanga) uses red, yellow, green and blue, as in Latgale, but of dark, deep shades. These express a feeling quite different from those in the bright, clear colors of Krustpils, Latgale. Cross of crosses designs are quite popular in this district. [Plates 1a, 1b, 1c, 2e]

Nīcas un Bārtas pagasts atrodas Rucavas ziemeļos, Baltijas jūras krastā. Šos apvidus šķiŗ vienu no otra tikai 12 līdz 20 jūdzes (20 – 32 km). Taču abos apvidos krāsās un rakstos ir milzīga atšķirība. Parastās krāsas ir: melna, balta, neparasti sarkana (tuvu oranžam), ko citos apvidos nelieto.

Raksti šajos apvidos mēdz būt lieli un izpušķoti. Nīcā ir daudz saules un zvaigžņu rakstu dažādojumu, bet Bārtā dod priekšroku ugunskrustam (Nīca 1f, 3d, 3e, 7d; Bārta zīm. 12).

Tālāk uz ziemeļiem ir Alsunga. Tur lieto sarkano, dzelteno, zaļo un zilo krāsu tāpat kā Latgalē, bet tumšos, dziļos toņos. Krusta krusts ir iemīļotākais raksts šai apvidū (1a, 1b, 1c, 2e).

DESIGN PRINCIPLES

Knowledge of symbols and colors alone will not produce a Latvian design. Certain underlying principles are found in designs successful to Latvian aesthetics. A few of those principles most important to mitten design are mentioned here.[3]

Latvian textile design elements are strictly symmetrical. There are no divisions into three or five parts.

Backgrounds are not considered part of the design. Individual elements are expanded or enriched to complete their space. Borders and centers are elaborated until they nearly touch. Many separate designs may be incorporated into the final composition but the name for a design is that of the design in the center.

The mitten in plate 1b is a good example of Latvian design principles. Austra's trees (or ½ of cross-hatch stars) form the large central cuff pattern. These trees are separated by a large zig-zag (Mara's symbol). At the top of the cuff a smaller pattern has interlocking Jumis symbols of yellow and red. The large palm design has Auseklis at the center, surrounded by four moon symbols. All are enclosed by a grid. The individual symbols are simple yet their combinations can appear quite complex.

Because it is a folk art, not all these mittens will fit into categories. The designs and techniques were not learned in a school but from a friend or relative.

This last poem was written as a *daina* by a present day poetess, Ilze Kalnare. A timelessness is seen in the *dainas* and the mittens of Latvia.

> Give to me one pair of mittens
> Which have lovely glowing signs.
> Springtime now is long since over
> Must conform to wintertime.

RAKSTU PAMATNOTEIKUMI

Ar simbolu un krāsu pazīšanu vien vēl nepietiek, lai darinātu pareizus latviskus rakstus. Rakstos atrodami zināmi pamatprincipi, kas saskaņojami ar latviešu aistētiku. Daži no šiem pamatprincipiem, kas nozīmīgi cimdu rakstiem, ir jau pieminēti[3].

Latviešu rakstu elementi adījumos un audumos ir izteikti simmetriski. Tajos nav neviena trīs vai piecdaļu iedalījuma. Adījuma pamats nav uzskatāms par raksta daļu. Izvēlēto rakstu var papildināt un paplašināt, lai piepildītu visu adījumu. Malas un centru iestrādā tā, lai viss pareizi saskaņētu. Kādā kompozīcijā var ietilpināt dažus atsevišķus rakstus, bet raksta nosaukumu nesīs kompozīcijas centrā izvēlētais raksts.

Dūrainis uzņēmumā 1b ir labs paraugs latviešu rakstu principiem. Austras koks (vai 1/2 no zvaigznes) rada lielu aproces centra rakstu. Šie koki atdalīti viens no otra ar lielu līkloča rakstu (Māras rakstu). Aproces augšgalā ir mazāka izmēra raksti, kas savienojas ar dzelteniem un sarkaniem Jumja simboliem. Plaukstas raksta centrā ir Auseklja raksts, un tam apkārt četri mēness simboli, visi ietverti sīku rakstu ietvarā. Atsevišķie simboli ir vienkārši, bet viņu sakopojums var būt ļoti sarežģīts.

Tā kā tā ir tautas māksla, tad ne visi cimdi ietilpst šajos norādījumos. Rakstus un to darinājuma techniku neieguva skolā, bet gan no draugiem un radiem.

Latviešu cimdi tāpat kā latviešu dainas ir laika un mūžu izpaudums, kas nebeidzas būt. Divdesmitā gadsimta latviešu dzejniece Ilze Kalnāre, latvisko cimdu un dainu sildīta, dzejo:

> *Dod man vienu cimdu pāri,*
> *Kas ar košiem rakstiem kvēl!*
> *Pavasar's man sen jau pāri,*
> *Būs pie ziemas jāpierod.*

---

[3]Latvian design principles receive a fuller discussion in *Latvian Design*, A. Dzervite.

[3]*A. Dzērvītes ,,Latvju rakstos'' iztirzāti latviešu rakstu principi.*

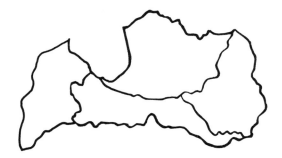

CHAPTER THREE

GENERAL TECHNIQUES

THE PRELIMINARIES:
These first four points are so important that you may think of them as The Four Commandments of mitten knitters.

1. Use Wool Yarn
The cost of materials in these mittens is slight when compared to the time spent with fingers flying. Treat yourself and the mitten wearer to the comfort of wool to the touch. Synthetic materials will tend to "pill up" inside the mitten and prove downright uncomfortable.

2. Strive for Balance of Yarns/Needles/Design
Latvian mittens were knit originally on needles varying in size from 0 - 0000 (2 - 1,25 mm; 13-16 English). The yarn was usually a fine 2-ply homespun similar to an 8/2 weaving yarn or as fine as a "fingering yarn".

If the mitten designs are knit in bulky materials the design proportions developed within the original repeats are lost. Bulky and awkward mittens are made with bulky yarns. These bulky mittens are far less supple but allow as much or more body heat to escape through the surface.

3. Know Your Gauge
Mitten gauge should always be obtained by working in the same circular knitting to be used in mittens. Nearly every knitter has a different tension on knit than on purl stitches. Purl stitches are rarely used in these mittens — a real bonus to most of us.

The child's mitten from Krustpils, Latgale is also designed as a sampler. A child's mitten joins life; a sampler joins the odds and ends in the bottom drawer. A knitter with tight tension may produce a baby's mitten; a knitter with loose tension could knit a mitten for herself. Determine your gauge and adjust needle size accordingly.

If you prefer, knit a **Two Color, Circular** sample to establish your gauge. Cast on 40 stitches. Distribute these on four needles and knit a small pattern for at least two inches (5cm).

TREŠĀ NODAĻA

PARASTĀS TECHNIKAS

IEVADĪJUMAM
Pirmie četri norādījumi ir tik nozīmīgi, ka cimdu adītājam der tos uzskatīt it kā par četriem baušļiem.

1. Lieto vilnas dziju.

Dzijas maksa, salīdzinājumā ar laiku, kas paiet adot, ir niecīga, tādēļ jānovēl, kā cimdu adītājam, tā arī to valkātājam, vilnas pieglaudīgais maigums. Sintetiskie materiāli mēdz cimda iekšpusē radīt mezgliņus un neērtuma sajūtu.

2. Jācenšas uzturēt izmēru saskaņu jeb līdzsvaru starp dziju, adāmadatām, rakstu.

Parasti cimdi adīti ar adāmadatām, sākot ar 0-0000 (2 -1,25mm; 13 - 16 angļu) lielumu. Ņem smalka vērpuma jeb vidēja rupjuma adāmo dziju (sk. tabulu: dzijas rupjums lp. 76).
Ja cimda rakstu ada ar rupjāku dziju, tad rakstu samēri jeb proporcijas ar pārējo adījumu zūd. Rupja dzija piešķir arī cimdam zināmu ,,rupjumu''; tāds cimds nav piekļāvīgs rokai, ir neērts, nav arī siltumturīgs.

3. Ievēro savu mēru.

Cimda mērs vienmēr saskaņā ar apadījuma kārtām cimdā. Gandrīz katra adītāja adot pievelk dziju ciešāk vai vaļīgāk, sevišķi adot labiskos un kreiliskos valdziņus. Par laimi tādus cimdus reti kad ada, lietojot kreilisko adījumu.
Lai noteiktu savu mēru, paraugam izvēlēts Krustpils apkārtnes (Latgale) bērna rokas dūrainis. Lai bērna dūrainis ,,iet tautās'', paraugs iegulst pūra dibenā. Adītāja, kas cieši savilks valdziņus, nodarinās mazbērna rociņai dūraiņus, vaļīgi adīti dūraiņi derēs pašai adītājai.
Jāpatur prātā izmēri, saskaņā ar izmēriem jāizvēlas adāmadatas. Ja vēlas, var uzmest divkrāsu dziju apli un noteikt savu mēru. Uzmet 40 valdziņus. Valdziņus vienlīdzīgi izdala pa četrām adāmadatām un izada rakstā vismaz divas collas (5 cm).

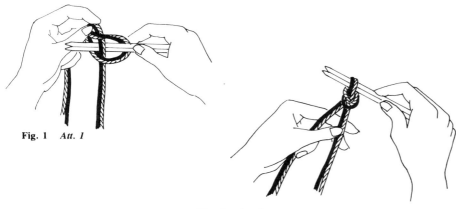

Fig. 1 Att. 1

Fig. 2 Att. 2

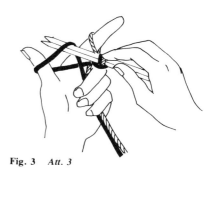

Fig. 3 Att. 3

4. Correct Your Mistakes

If you discover an error in your knitting, rip it out and knit again. Rudolfs Blaumanis (1863-1908), a Latvian classical author, wrote a play entitled, "The Prodigal Son" The erring son regrets his worthless life and laments:

> Why cannot one do with a spoiled life the same as with a spoiled mitten — rip it out and start again from the beginning.

SO . . . RIP! It is a soul purifying experience which never takes as much time or trouble as you've imagined it will. If you succumb to the temptation to ignore a mistake, you may well need to give the mittens away so that the mistake does not haunt you. Or you may find yourself "confessing" to every viewer who would otherwise be in total awe of your talents.

THE BASICS:

Several techniques which are common to many of the mittens are put here rather than repeat the directions in the individual instructions.

I — Cast-On

In most mittens you may use any method of casting on, but Latvians generally use two yarns. They are sometimes the same color, but more often one is an accent color for a border and the second is the color of the first round.

Hold two needles together in the right hand. (Two needles provide easy tensioned cast-on stitches.)

Form a slip-knot (fig. 1) with the two yarns in order to position them on the needles and tighten (fig. 2).

*The yarn to become the border color (here dark) wraps back to front around the thumb. The yarn to become the first row of knitting (light) wraps front to back around the left index finger (fig. 3).

4. Pārbauda, vai adījumā nav ieviesušās kļūdas.

Ja adījumā ir kāda kļūda, adījums jāizārda līdz kļūdainajai vietai un jāsāk adīt no jauna. Tas viegli izdarāms. Rūdolfs Blaumanis (1863.-1908.) savā ,,Pazudušajā dēlā'' liek Krustiņam, pazudušajam dēlam, nožēlot: Kādēļ ar neizdevušos dzīvi nevar darīt tāpat kā ar neizdevušos cimdu: izārdīt un sākt no gala.

TĀLAB...IZĀRDA! Tas zināmā mērā ir it kā savas dvēseles tīrīšanas piedzīvojums. Tas nebūt nepaņem tik daudz laika un nerada tik daudz grūtuma, kā iedomājas. Vilinājums, atstāt kļūdu neievērotu, var reizēm kļūt par tādu pārmetumu, ka, lai no tā atbrīvotos, pirmais adījums jāatdod prom, vai arī adītāja jūtas it kā vainīga un katram, citādi viņas mākas apbrīnotājam, atvainojas atstātās kļūdas dēļ.

PAMATPRINCIPI

Technikas jeb adīšanas veidi, kas visiem cimdu adīšanas paņēmieniem kopēji, ir nākošajā nodaļā saņemti kopā, lai tie nebūtu jāatkārto katra apgabala individuālajā adīšanas norādījumā.

I Uzmešana
Cimdu uzmešanai lielāko tiesu var lietot kaut kuru metodi. Latvietes, adītājas, parasti lieto divdziju uzmetumu. Reizēm lieto tikai vienas krāsas dziju, bet bieži cimda maliņa ir vienā krāsā un pirmā adījuma kārta ir citā krāsā, akcentējumam.

Uzmetot valdziņus, satur labajā rokā divas adāmadatas kopā. (Uz divām adatām uzmet tādēļ, lai pirmās kārtas valdziņi būtu lielāki. Ar lielākiem valdziņiem vieglāk uzsākt adīšanu).

*Ar divām dzijām izveido it kā cilpu, ko uzmet adatām (att.1) un pēc tam pievelk (att.2). *Dzija, kas domāta cimda ārmaliņai, ir tumšā krāsā, to apmet apkārt īkšķim, sākot no mugurpuses uz priekšpusi. Cimda pirmā kārta adāma ar gaišu dziju, ko apmet ap kreisās rokas rādītāja pirkstu no priekšpuses uz mugurpusi (att. 3).*

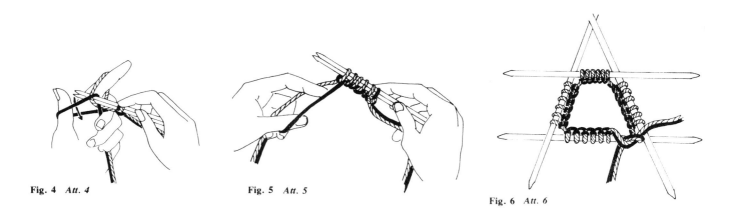

Fig. 4 Att. 4   Fig. 5 Att. 5   Fig. 6 Att. 6

The needles travel under the front yarn, over, behind, and under the yarn on the index finger. They then pass through the opening made in the front yarn. (fig. 4) Release the yarn around the thumb. Tighten the stitch on the needles while re-inserting thumb into the front, or border yarn (dark). (fig. 5)*

Repeat the steps between the asterisks on one pair of needles for the number of stitches necessary to begin the mitten. Do not count the slip-knot at the beginning.

Remove one needle from the cast-on row.

Release the slip-knot.

Distribute the stitches evenly on four double-pointed needles.

Knitting begins with the fifth needle.

Make Certain There is No Twist in the Cast-on Row. Tie in a circle (fig. 6).

II — Using a Graph

All of the graphs in these instructions show only the **back** of the mittens. Unless otherwise stated, each pattern continues **around** the mitten in the pattern established on the back. The patterns repeat as often as necessary on the required number of stitches for the mitten circumference. Figure 7 gives the full cuff extension from a segment of the cuff back as given in the instructions from Kurzeme (graph 5 p. 30).

The graphs are read right to left, from the bottom to the top. Remember! **Only the pattern on the BACK of the mitten is given on graphs. Mitten backs and palms are often not identical.** Patterns that repeat an odd number of times produce a different design on the back than on the palm. (Note especially the mitten from Latgale where three large patterns encircle the palm.)

Adatas ceļš iet zem dzijas, kas ir adītājas priekšā, pāri tai, aiz tās un tad zem dzijas, kas ir ap rādītāja pirkstu. Dzija, kas atrodas priekšpusē rada caurumiņu, caur kuŗu tagad adatai jāiet (att. 4).

Dziju, kas ir ap īkšķi, atlaiž vaļā. Valdziņu ap adatu savelk, un īkšķi pabāž zem tumšās jeb cimda maliņas dzijas priekšpusē (att. 5).*

Uzmešanu atkārto, kā tas iepriekš parādīts (sk. norādījumu starp zvaigznītēm) uz divām kopā saliktām adatām, uzmetot tik daudz valdziņu, cik to cimdam nepieciešams. Sākumā uzmesto cilpu neskaita.

Vienu adatu no uzmetuma adatām izvelk ārā.

Atraisa sākumā aizmesto cilpu.

Valziņus izdala vienlīdzīgi pa četrām adatām. Adīšanu sāk ar piekto adatu.

JĀUZMANĀS, LAI UZMESTIE VALDZIŅI NEBŪTU SAGRIEZUŠIES. Valdziņus saviено vienā aplī (att. 6).

II Zīmējuma lietošanas veids

Visos zīmējumos norādījumi attiecas uz dūraiņa VIRSPUSI. Ja nav citu norādījumu, tad katrs raksts sākas dūraiņa virspusē un iet APKĀRT dūrainim. Rakstu elementi atkārtojas tik bieži, cik tas doto valdziņu skaitam nepieciešams cimda apadīšanai apkārt. Attēls 7 rāda visu valnīša rakstu; raksts ņemts no Kurzemes dūraiņa adīšanas norādījumos sastopamā valnīša virspuses raksta daļas (zīmējums lp. 30).

Zīmējumu lasa no labās puses uz kreiso, no apakšas uz augšu. Jāatceras, ka zīmējumos dots raksts dūraiņa virspusei. Cimda virspuses raksts ne vienmēr sakrīt ar plaukstas rakstu (sk. Latgales dūraini).

III Divkrāsu dzijas adīšanas veids

Parastais veids, adot ar divām dažādas krāsas dzijām, ir nolaist vienas krāsas dziju un uzņemt otras krāsas. Kad iesāk ar citu krāsu, tad dzijas gali 6 collas (15 cm) gaŗumā atstājami karājamies. Tie vēlāk iekšpusē piešujami un nostiprināmi.

Fig. 7 Att. 7

Fig. 8 Att. 8

III — Two Color Knitting

The most obvious method of knitting with two colors is to drop one color and pick up the next. When adding a new color, let 6 inches (15 cm) hang to be sewn in when the mitten is finished.

There are a number of two color patterns in the book which can be more easily knit when one color is carried over the right index finger and a second over the left index finger (fig. 8).

A multicolor pattern is also knit more easily in this manner when the dominant color is knit with the left and the pattern colors are changed with the right hand. Do not fret if this seems awkward.

If you wish to learn this technique, suppress the anxiety over learning to knit with the "other" hand. Practice knitting the "other way" just ten minutes a day, perhaps after breakfast as the wonderful knitter and teacher Elizabeth Zimmermann has suggested. But do it **every** day. Within the month you no longer need to work that "other" hand. It will feel comfortable in its new function. As you continue to knit with two or more colors your hands will become equally adept and your knitting even more enjoyable!

IV — Securing Floats on the Back

Several problems may arise if a yarn is carried behind the knitting for long distances. Mittens begin as rather small circles. The yarns floating behind the knitting will tend to pull the mitten into a smaller circle. Try to relax and permit your yarns to relax as well. Stretch the knitting a bit when changing needles to adjust the tension.

Floats are not bothersome if mittens are knit with fine yarns and needles. Warmed air is trapped behind these floats to insulate from the cold northern winters. The warming loft and flexibility of the mitten is decreased when the floats are attached behind each stitch.

If the mittens are wool, the floating yarns felt together slightly after a few wearings and become warmer and more comfortable. Therefore, **Use Wool!**

Šajā grāmatā ir daudz divkrāsu dzijas rakstu, kas viegli adāmi, ja vienas krāsas dziju pārmet pār labās rokas rādītāja pirkstu un otras pār kreisās rokas rādītāja pirkstu (att. 8).

Daudzkrāsu raksts arī šādā veidā ir vieglāk adāms, ja pamatkrāsu ada ar kreiso roku un mainīgās raksta krāsas pārmaina ar labo roku. Nav iemesla gausties, ja tas šķiet nepieņemams.

Bet, ja ir vēlēšanās iemācīties šo adīšanas paņēmienu, tad, mācīšanās adīt ar ,,otru'' roku, lai pārvar bažas. Katru dienu der vingrināties desmit minūtes šajā ,,otra veida'' adīšanā, varbūt pēc brokastīm, kā to ieteikusi brīnišķīgā adītāja un skolotāja Elizabete Zimmermane. Taču jādara tas katru dienu. Mēneša laikā vairs nevajadzēs nomocīties ar ,,otru'' roku. Jaunais paņēmiens būs kļuvis ērts un patīkams. Abas rokas darīs vienādu lietpratīgu darbu, vienalga, vai būs jāada ar divu, vai vairākrāsu dziju, un adīšana darīs prieku.

IV Pārstaipu nostriprināšana

Zināmas grūtības rodas ar gariem pārstaipiem cimda iekšpusē. Sākumā cimda kārtu nav daudz. Pārstaipiem ir tieksme kārtas savilkt. Jāmēģina pašai savu sasprindzinājumu atslābināt, atslābs arī dzija. Jāmēģina atpūsties un jāatļauj arī dzijām atpūta. Adījums pēc katras izadītas adatas ir mazliet jāpastiepj, lai savilkšanos izlīdzinātu.

Pārstaipi neapgrūtina, ja cimdus ada ar smalku dziju un smalkām adatām. Aiz pārstaipiem slēpjas silts gaiss, tas pasarga no ziemeļu aukstajām ziemām. Silto gaisu un cimda pieglaudīgumu vairo pārstaipi, kas turas pie katra valdziņa.

Ja cimdi adīti no vilnas dzijas, pārstaipi, pēc cimdu nedaudz reižu uzvilkšanas, noguļas, cimdi ir siltāki un rokai tīkamāki. Tātad: lietosim vilnu!

You, folk maiden, grew up slowly
So well fitting to my mind.
You were knitting your bright mittens
Nicely fitting to my hand.

Bij augusi tautu meita
Pa manam prātiņam;
Bij cimdiņus adījusi
Pa manai rociņai.

The acceptable length of a float depends upon the ratio of yarn to needles, the size of the wearer, and individual tolerance. Any long floats in a pattern may be "tacked down". With few exceptions, tack down any float seven stitches or longer or any float taking a short cut between needles. The short cut is quite noticeable on the smaller circle of the thumb where it is best to tack down all yarns at both sides.

The simplest way to tack down floats is to twist the floating yarn around the working yarn in the middle of the float and continue knitting.

V — Alternate Thumb Openings

The thumb hole explained in the district instructions is the traditional method. It permits a hand to slip inside the mitten to test for proper fit. Many knitters now use these alternative methods.

Contrasting Thread Hole

At the proper thumb location, knit across the "hole" with a finer thread. Transfer these stitches back to the left hand needle and knit the thread stitches with the regular yarn in the pattern of the round. Continue knitting the regular mitten pattern to the top.

When the palm is complete, pull out the contrasting thread. Pick up the loose stitches plus two extra stitches at the sides for ease of thumb movement. Be certain the stitch count agrees with that in the pattern. Knit and finish the thumb as in the instructions.

Snip and Unravel Hole

Take no notice of thumb location when knitting the mitten palm. Knit a tube to the desired length and finish off. (Knit two tubes!) Put the tube on the intended wearer and mark the position for the bottom of the thumb. Count to the center of the thumb hole and snip the center strand. Unravel in both directions to the required thumb size. Pick up the stitches from the bottom and the top of the hole and two extra stitches at the corners to allow fullness. The yarn which was unraveled must be secured at the edges. Knit and finish the thumb as in the instructions.

Pieņemamais pārstaipu garums atkarīgs no dzijas un adatu proporcijas, no cimda lieluma un arī no valkātāja iecietības.

Ikkatru garu pārstaipu rakstā var nostiprināt, izņemot tādu pārstaipu, kas klāj septiņus valdziņus vai stiepjas pāri no vienas adatas uz otru (adatu sadurā).

Visvieglākais veids, kā šos pārstaipus nostiprināt, ir garos pārstaipus vidū apņemt ap adāmo dziju un tad adīt vien tālāk.

V Īkšķa cauruma ieadīšanas dažādie veidi

Īkšķa cauruma ieadīšana parasti izskaidrota novadu norādījumos ar parasto tradicionālo metodi, kas ieteic uzvilkt cimdu rokā un pārbaudīt, vai īkšķis labi pieguļ. Tagad adītājas lieto arī citādus īkšķa cauruma ieadīšanas paņēmienus.

Ar diegu iezīmēts īkšķa caurums

Parastam īkšķa caurumam ada pāri valdziņus ar diegu. Ar diegu adītos valdziņus atceļ atpakaļ uz kreiso adatu un tad izada ar parasto dziju attiecīgās kārtas rakstā. Parasto cimda rakstu izada līdz galam.

Kad plauksta pabeigta, diegu izvelk. Uzlasa valdziņus un īkšķa sānos esošos pārstaipus. Valdziņu skaitam jāsaskan ar zīmējumā doto skaitu. Īkšķi tālāk ada un nobeidz pēc norādījumos dotā veida.

Iegriezts un atšķetināts īkšķa caurums

Īkšķim nepiegriež nekādas vērības, kamēr nav noadīta plauksta. Izada un nobeidz pareizā garumā cimda tūbu (divas tūbas!). Tās uzvelk valkātāja rokā un atzīmē īkšķa vietu. Noskaita līdz īkšķa cauruma vidum un pārgriež vidus pavedienu. Atšķetina valdziņus abos virzienos līdz īkšķa cauruma vajadzīgajam lielumam.

Uzlasa valdziņus un divus pārstaipus abos īkšķa sānos. Pārgrieztā dzija malās jānostiprina. Īkšķi ada un nobeidz tāpat, kā tas norādījumos norādīts.

Four horses in a stall,
Fifth dances 'round.

Knitting needles.

516.
Četri zirgi stallī,
Piektais danco apkārt.
Adīklis.

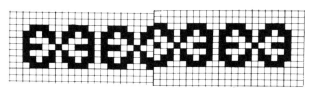

Fig. 9   Att. 9

VI — Adapting Graphs to Your Mittens

When you begin to make your own patterns, *find YOUR gauge with YOUR yarns*. Select a graph design. If more than two colors are knit in any row add two stitches to the total number cast on for each additional color. Divide the pattern multiple into the ideal number of stitches for your mitten. The quotient is the number of repeats necessary. Pattern multiples rarely seem to divide evenly into the number of stitches required. If only a few more stitches are required, add that number of stitches. Do NOT subtract stitches. A large mitten allows room to conform to the hand but a small mitten stretches and weakens the yarns.

If it is difficult to fit the pattern multiples to your mitten there are several options.
1. A few stitches can be inserted into the background, evenly spaced around the mitten.
2. The number of stitches may be increased or decreased **a few** stitches in a cuff pattern. (Kurzeme's cuff)
3. The center section can be cut from a pattern where it comes together at the "seam" or starting edge. (fig. 9)
4. If two designs alternate, one may be omitted at the starting line. Two identical designs then come together where it is least noticeable.
5. Increase or decrease one needle size to change the number of stitches needed.

VI Zīmējumu lietošana, adot cimdus

Izvēloties savu cimda paraugu, jāatrod savs mērs saskaņā ar izvēlēto dziju. Jāizmeklē zīmējuma raksts. Ja lieto vairāk par divām dzijas krāsām, tad katrai nākošās krāsas dzijai pieskaita divus valdziņus pa virsu katrai cimda kārtai. Cimda valdziņu kopskaitu izdala ar valdziņu skaitu rakstā. Dalījuma iznākums ir rakstu elementu atkārtojumu skaits, kas reti kad sakrīt ar nepieciešamo valdziņu skaitu. Ja vajadzīgs vairāk valdziņu, tad tos arī pievieno klāt. Valdziņu skaitu nedrīkst pamazināt. Liels cimds ir rokai pieņemamāks nekā mazs. Mazs cimds ir neērts, tas izstiepj vilnu un atņem vilnai tās spēku.

Ja ir grūti raksta elementu skaitu cimdā ievietot, tad ir vel citas iespējas.
1. Cimda pamatkrāsā var pievienot dažus valdziņus, tos vienmērīgi izdalot pa katru cimda kārtu.
2. Valdziņu kopskaitu var palielināt vai pamazināt valnīša rakstā (Kurzemes valnītis).
3. Raksta vidus daļu var pamazināt adījuma kārtas salaiduma vietā.
4. Kad mainās divi dažādi raksti, vienu raksta elementu var izlaist adījuma kārtas salaiduma vietā. Šajā vietā, diviem vienādiem rakstiem sanākot kopā, tie vismazāk pamanāmi.
5. Var mainīt adāmadatas lielumu, pamazinot vai palielinot adatas par vienu numuru, atkarā no vajadzīgo valdziņu skaita.

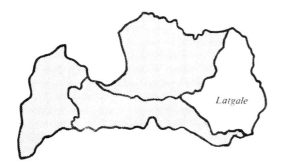

Latgale

CHAPTER FOUR

CETURTĀ NODAĻA

INSTRUCTIONS FOR CHILD'S MITTEN/ SAMPLER FROM THE DISTRICT OF LATGALE

This is an adaptation of an adult pattern from the area of Krustpils found in A. Dzervite's *Latvju Raksti*. Many believe the designs and colors from this part of Latvia show the truest Latvian qualities with the fewest foreign influences.

Size: Child's mitten — fits my 5 year old.

Gauge: 16 stitches per 2 inches (5 cm); 17 rows per 2 inches (5 cm).

Materials: Set of 5 double pointed needles size 1 (2,50 mm, 12 English) *or* size necessary to obtain the proper gauge.

    A partial skein of wool sport weight knitting yarn (Size D) in the following colors: white, yellow, red, and blue.

    All yarn should be the same size within one mitten to assure a uniform gauge.

    Children's mittens are good projects for left over yarns.

RIGHT HAND MITTEN

Cast on 50 stitches with yellow and red yarns. (See Cast-On in chapter 3)

Distribute these stitches evenly on 4 double pointed needles (12 and 13 per needle). Knitting begins with the fifth needle.

Be Certain There Is No Twist In The Cast-On Row. Tie in a circle (fig. 10).

Round 1: Purl the full round. (This is the outside of the mitten.)

NORĀDĪJUMI LATGALES BĒRNA DŪRAIŅU ADĪŠANAI

Šim bērna dūrainim par paraugu ņemts Krustpils apkārtnes pieauguša cilvēka dūrainis; tas atrodams A. Dzērvītes ,,Latvju rakstos''. Daudzi atzīst, ka lietotās krāsas un raksts, nākdams no šīs Latvijas daļas, ir īpati latvisks.

Lielums: šie bērna, dūraiņi der ap piecgadu vecam bērnam.

Izmēri: 16 valdziņi (acis) - 2 collas (5cm); 17 kārtas - 2 collas (5 cm).

Piederumi: 5 asu galu adāmadatas; resnums 1 (2,50 mm; 12 angļu) vai izmēriem piemērotais lielums.

    Vilnas dzija (rupjums D) nepilns tinums (šķetere); krāsas: balts, dzeltens, sarkans, zils.

    Bērna dūraiņiem izdevīgi izmantot dzijas pārpalikumus.

LABĀS ROKAS DŪRAINIS

Uzmet 50 valdziņus ar dzelteno un sarkano dziju (sk. nod. 3.: uzmešana).

Valdziņi vienlīdzīgi jāizdala pa 4 adāmadatām (12-13 valdziņi uz adatas).

Adīšanu iesāk ar piekto adatu.

Jāuzmanās, lai uzmestie valdziņi nebūtu sagriezušies. Četras adatas ar uzmestajiem valdziņiem izveido apli (att. 10).

1. kārta: ada kreiliski vienu kārtu (tā ir cimda labā puse jeb ārpuse).

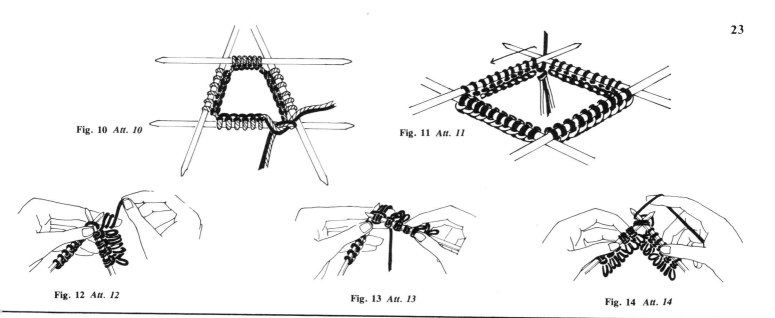

Fig. 10 *Att. 10*

Fig. 11 *Att. 11*

Fig. 12 *Att. 12*

Fig. 13 *Att. 13*

Fig. 14 *Att. 14*

Round 2: Fringe

Turn Knitting ½ Turn (fig. 11). The starting point is now facing out and you are looking at the **inside** of the mitten.

> You will knit back on the stitches just knit.
>
> For this row, it is as if you were knitting all stitches off one straight needle and have just turned your work to knit back across the row.

Wind the yarn **loosely** around your index finger 2 **or** 3 times (fig. 12). Two winds will make a single looped fringe. Three winds make a double loop. The double loop (three wraps) is generally more satisfactory, but on a child's mitten, or a first mitten, the single loop (2 wraps) is perhaps more suitable.

Knit off the 2 (3) strands loosely wrapped around the index finger as if they were a single strand (fig. 13).

Continue making fringe of the same density in each stitch of the round, but alternate red and yellow after five stitches of each.

Round 3: Knit in the same direction using blue yarn. Catch the 2 (3) strands as if they were a simple single stitch (fig. 14). These fringe stitches tend to loosen and pull up when they are knit. To adjust the tension of the stitch, pull down evenly on each stitch until it seats itself. After this tug, the fringe will stay in place for the life of the mitten.

Turn Mitten Back ½ Turn.

Braided Pattern

Round 4: Knit 1 blue, knit 1 white for the round. This row will show in the center of the braid.

You are now looking at the outside of the mitten. The fringe and braid are on the outside. Work progresses up and around the mitten.

Bārkstis

2. kārta: ADĪKLIM PAGRIEŽ pretējo pusi uz priekšu (att. 11).

Tagad ada cimda kreisajā pusē; adīšanu sāk, aizķerot valdziņus no iekšpuses.

Adīs pāri kreiliskajiem valdziņiem.

Dziju vaļīgi uzmet rādītāja pirkstam 2 - 3 reizes (att. 12).

Divi reizes uzmetot, dabūs viencilpu bārksti, trīsreiz uzmetot — divu cilpu. Divcilpu bārksts ir īsteni izskatīgāka (3 metieni), bet bērna dūrainim vai pirmajam adījumam divmetienu bārksts būs pietiekami skaista.

Divi vai trīs reizes uz pirksta vaļīgi uzmesto dziju adot uzņem it kā tas būtu viens valdziņš (att. 13).

Bārkstis met vienādā biežumā katram valdziņam; pēc pieciem valdziņiem sarkanās dzijas vietā ņem dzelteno.

3. kārta: ada tādā pašā veidā, lietojot zilo dziju.

Uzņem 2 (3) uzmetumus, it kā tie būtu viens valdziņš (att. 14). Bārkšķu valdziņi mēdz kļūt vaļīgi, tie adot jāpievelk. Valdziņiem jābūt vienādi pievilktiem. Vienlīdzīgi pievilkti valdziņi labi ieguļēsies savā vietā un izturēs cimda mūžu.

CIMDU PAGRIEŽ pusgriezienā atpakaļ.

Pīnes raksts valnītim

4. kārta: šajā kārtā ada vienu zilu, otru baltu valdziņu; šī kārta būs pīnes raksta centrā.

Tagad ada cimda labajā pusē. Bārkstis un pīne ir labajā pusē. Adīšana tādā veidā turpinās.

24

Fig. 15 Att. 15

Fig. 16 Att. 16

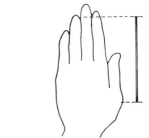

Fig. 17 Att. 17

Graph / Zīmējums 4
Latgale child's mitten / Latgales bērna dūrainis

⊡ yellow / dzeltens
☒ red / sarkans
☐ white / balts
■ blue / zils

Mittens do not make themselves sitting in the corner.

804.
Cimdi paši kaktā neadās.

Fig. 18 Att. 18

Round 5: Bring both colors forward. Purl 1 blue, purl 1 white, keeping the colors in a row with the same color in the round before. Keep alternating the colors and always bring the next color to purl **over** the last stitch (fig. 15). This twists the yarn as you purl around the mitten.

To keep the yarn from knotting and becoming unmanageable, pull free approximately 1½ yards (1 meter) of both yarns and push the twist away from the knitting towards the yarn source. When the round is complete, a two color spun yarn hangs from your mitten/sampler.

Round 6: Purl 1 blue, purl 1 white the entire round, BUT bring each color **under** the last stitch as you purl the round. At the end of the round, the spun yarn is unspun.

Round 7: Begin reading the graph from the bottom right and proceed around and up the mitten. (see chapter 3, Using a Graph). Be especially careful in the large cuff pattern to keep the floating yarns relaxed.

Knit up to round 35.

Thumb Hole

Round 35: Knit across 2 needles in pattern. (This is the mitten back.)

Knit 1 stitch on the beginning of the third needle.

Knit 10 stitches in pattern. Put these 10 stitches onto a thread to hold until time to knit the thumb.

Knit the remaining 2 stitches onto the needle. There are only 3 stitches on the finished needle.

Knit around in pattern to the tied off stitches.

Cast on 10 stitches.

This cast-on is generally a single thread cast-on. The yarn is laid around the thumb of the left hand and the needle inserted to form a half hitch on the needle (fig. 16).

Continue to knit in pattern up the palm until five red rounds have been knit.

Top Decreases

Check the mitten length with its intended user. The palm should be shortened or lengthened accordingly at this point. Decreasing for the top adds a length approximately ½ the mitten width. The length of the palm should measure approximately the length from the bottom of the thumb to the first knuckle of the middle finger (fig. 17).

Knit 1 stitch with white. Knit 2 together into the back of the next two stitches (fig. 18). Knit across the needle.

Needle 2: Knit all but the last 2 stitches. Knit 2 together in the normal manner.

Needle 3 and 4: repeat needle 1 and 2.

5. kārta: abu krāsu dzijas izceļ virspusē.

Ada kreiliski: 1 zilu, otru baltu valdziņu; katrā nākošā kārtā dzijas krāsa sakrīt ar iepriekšējo kārtu.

Kad dzijas krāsu maina, tad nākošo krāsu vienmēr ada kreiliski, dziju ņem PĀRI iepriekšējam valdziņam (att. 15).

Adot ar vairākām dzijām, tās satinas kopā.

Lai dzija nemezglotos un neapgrūtinātu adīšanu, dzijas no kamoliem izvelk apm. pusotra jarda (1m) atstatumā no adīkļa.

6. kārta: ada vienu zilu, otru baltu valdziņu kreiliski; katras krāsas valdziņam jāsakrīt ar iepriekšējās kārtas valdziņu. Kad dzijas krāsu maina, tad nākošo krāsu vienmēr ada kreiliski, dziju ņem ZEM iepriekšējā valdziņa.

7. kārta: sāk lasīt zīmējumu; lasa no apakšas, sākot no labās puses (sk. nod. 3.: zīmējuma lietošanas veids).

Tā kā valnītim ir liels raksts, jābūt sevišķi uzmanīgam, lai dzijas cieši nesavilktos, bet vaļīgi tecētu.

Ada līdz 35. kārtai.

Īkšķa caurums

35. kārta: izada divas adatas rakstā (tā ir cimda virspuse).

Izada vienu valdziņu trešās adatas sākumā.

Ada 10 valdziņus rakstā. Šos 10 valdziņus uzlasa uz pavediena (diega) un atstāj līdz tam laikam, kad sāksies īkšķa adīšana.

Izada uz adatas palikušos 2 valdziņus. Uz adatas paliek tikai 3 valdziņi.

Ada apkārt rakstā līdz valdziņiem, kas uzlasīti uz pavediena.

Uzmet 10 valdziņus, sekojot rakstam pēc zīmējuma (36. rinda).

Šī uzmešana izdarāma parasti ar vienas dzijas metumu. Dziju apmet ap kreisās rokas īkšķi. Adata ir iedurta, lai uzņemtu valdziņu (att. 16).

Ada rakstā plaukstu, kamēr noadītas piecas kārtas ar sarkanu dziju.

Noraukšana

Pārbauda dūraiņa garumu ar tā valkātāja roku. Plauksta pamazināma vai pagarināma atkarā no valkātāja rokas. Noraukuma vietu aplēš apmēram pēc 1/2 cimda platuma. Plakstas garumu mēri, sākot ar īkšķa pirmās locītavas pamatu un turpina uz vidus pirksta pirmo locītavu (att. 17).

1. adata: ada vienu valdziņu ar baltu dziju. Divus valdziņus saada labiski kopā pretējā virzienā (att. 18).

Izada pirmo adatu parastā adījuma veidā.

2. adata: izada adatu, izņemot divus beidzamos valdziņus. Saada divus valdziņus kopā parastā veidā.

3. un 4. adata: atkārto 1. un 2. adatas adījumu.

Four stitches are decreased each round for the remainder of the mitten. Keep the same relationship in the pattern rows as before.

As the number of stitches decrease per needle, it becomes awkward to work on four needles. Stitches can then be transferred onto 2 needles. One needle holds the palm stitches and the second holds the stitches for the back.

When 3 stitches remain per needle (6 sts total), knit 1, knit 2 together. Repeat. (4 sts total)

Cut the yarns. Pass the blue and red yarn into the center of the mitten. Thread a needle with the white yarn and pass the needle through the remaining four stitches. Pass through a second time.

Turn the mitten inside out. Stitch each of the three ends separately into the back of the mitten for 2 or 3 inches (5-7cm) to secure the ends. Cut.

Knitting Thumb

Transfer 10 stitches from the front thread onto needles 1 and 2.

Pick-up 10 stitches from the cast-on edge and distribute onto needles 3 and 4.

Pick-up 2 extra stitches on each side of the thumb to give some fullness for thumb movement (twist to avoid holes). (24 stitches)

Knitting begins on the lower row, right corner.

The ends of yarns joined for the thumb should be left on the outside. They are secured later.

Work one round of the thumb.

In the next **two** rounds, knit 2 together at the thumb side to eliminate fullness (20 sts).

Keep in the pattern of the palm. Work for the length required for the thumb. The thumb functions better if decreasing starts at the exact length of the thumb, permitting room for movement.

Decrease as in the palm.

When there are four stitches per needle (8 sts total), knit 1, slip stitch, knit 2 together, psso (pass slip stitch over).

Repeat. (4 sts remain)

Bind off as in the palm.

Finishing

Untie the knot put in the cast on row of the mitten. Sew each color through the back of the work to fasten off.

Lay mitten flat to press.

Be careful to keep the beginning line exactly at the side crease, as it is then least noticeable. It has a tendency to twist while working. Lay a damp cloth over and steam.

Katrā kārtā norauc 4 valdziņus. Raksts katrā kārtā paturams tāds pats kā iepriekšējā kārtā.

Valdziņu skaitam uz adatām samazinoties, adīšana ar 4 adatām kļūst neērta.

Valdziņus var izdalīt pa divām adatām. Viena adata patur cimda plaukstas valdziņus, otra — cimda virspuses valdziņus.

Kad uz katras adatas palikuši 3 valdziņi (kopā 6), tad vienu valdziņu izada, divus — saada kopā. Atkārto (pavisam 4 valdziņi).

Dziju nogriež apmēram 6 collas (15 cm) no adīkļa. Zilo un sarkano dziju ievelk cimda iekšpusē (kreisajā pusē). Ieveŗ adatā balto dziju un izveŗ cauri četriem atlikušajiem valdziņiem divi reizes.

Apgriež dūraiņa kreiso pusi (iekšpusi) uz āru. Piešuj visus trīs dzijas galus (2-3 collu gaŗumā; 5-6 cm) dūraiņa kreisajā pusē. Nogriež.

Īkšķa adīšana

Pārceļ 10 pavedienam uzvērtos valdziņus uz pirmo un otru adatu.

Uzlasa 10 uzmestos valdziņus uz trešās un ceturtās adatās.

Uzlasa 2 pārstaipus katrā īkšķa sānā (tos apgriež, lai nebūtu cauruma). Tas dod īkšķim pilnīgāku kustības brīvību (24 valdziņi).

Adīšana sākas ar apakšējo kārtu no labās puses. Dziju gali, kas ņemti īkšķim, atstājami ārpusē. Tos nostiprinās vēlāk.

Izada īkšķa vienu kārtu.

Nākošās divās kartās saada 2 valdziņus kopā, tā samazinot īkšķa platumu (20 valdziņi).

Ada plaukstas rakstā, īkšķim paredzētā gaŗumā.

Īkšķim ir lielāka kustības brīvība, ja noraukšanu iesāk pareizā vietā, tas ir, kad adījums sniedzas līdz pusei īkšķa nagam.

Norauc tāpat kā plaukstu.

Kad uz adatas ir 4 valdziņi (pavisam 8), izada 1 valdziņu noņem 1 valdziņu neizadot; saada 2 valdziņus kopā, noceļ neizadīto valdziņu.

Atkārto (paliek 4 valdziņi).

Ievelk dzijas dūraiņa kreisajā pusē tāpat kā ar plaukstu.

Nobeigums

Atsien mezglu, kas aizmests, iesākot dūraini adīt. Piešuj katru dziju dūraiņa kreisajā pusē; galus nostriprina.

Noliek dūraini plakaniski gludināšanai.

Ievēro, lai adījuma kārtu salaiduma vieta atrastos tieši cimda sānos, tur tā vismazāk duŗas acīs.

Pārsedz adīkli ar mitru drēbi; gludina ar tvaiku.

Little little lamb,
Only one leg.

Mitten.

Five little sisters
Run 'round the mountain,
One after the other,
Cannot catch the other.

Knitting needles.

Five brothers enter by one door,
But each in his own room remains.

Glove on a hand.

1692.
Maza maza aitiņa,
Viena pati kājiņa.

Dūrainis.

2375.
Piecas māsiņas
Skrien ap kalniņu,
Viena otras
Nevar panākt.

Adīklis.

2391.
Pieci brāļi pa vienām durvīm ieiet,
bet katrs savā istabā paliek.

Cimds rokā.

LEFT HAND MITTEN

Use the first mitten as your guide when making the second.

Knitting begins at the palm and proceeds around to the back, or graph section.

Work the mitten pattern as if seen in a mirror, including the thumb.

Left Hand Thumb Opening

Work only 1 needle on the thumb round (round 35).

Knit 2 stitches on the beginning of the second needle.

Knit 10 stitches in pattern. Put these 10 stitches onto a thread to hold until time to knit the thumb.

Knit the 2 remaining stitches onto the needle. There are only 3 stitches on the finished needle.

Knit around in pattern to the tied off stitches.

Cast on 10 stitches as in the right mitten. Continue to knit to the same length as the first mitten.

Decrease as for the right mitten and finish off.

Knit the thumb in the same manner as the right hand mitten.

Finish as the right mitten.

KREISĀS ROKAS DŪRAINIS

Lieto labo dūraini par paraugu kreisajam.
Adīšana sākas plaukstas pusē apkārt cimdam.
Zīmējumā rādīta cimda virspuse.
Pirmā cimda raksts atbilst otra cimda rakstam - tāpat kā viena roka - otrai.

Kreisās rokas īkšķa caurums

Izada tikai pirmo adatu īkšķa adījuma kārtā (35. rinda zīmējumā).
Izada 2 valdziņus otras adatas sākumā. Izada 10 valdziņus rakstā; uzņem šos valdziņus uz pavediena, tie tur paliek līdz īkšķa adīšanai.
Izada 2 palikušos valdziņus. Uz nobeidzējas adatas paliek 3 valdziņi.
Ada apkārt līdz valdziņiem, kas uzņemti uz adatas. Uzmet 15 valdziņus rakstā. Ada atlikušo plaukstas daļu tāpat kā labās rokas dūrainim.
Noraukšana un nobeigšana tāpat kā labās rokas dūrainim.

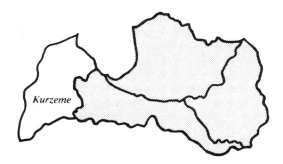

Kurzeme

CHAPTER FIVE	PIEKTĀ NODAĻA

INSTRUCTIONS FOR MITTEN FROM THE DISTRICT OF KURZEME

This is a pattern from the township of Rucava. It is the only area knitting the scalloped cuff.

Size: Women's medium

Gauge: 20 stitches per 2 inches (5 cm); 21 rows per 2 inches (5 cm).

Materials: Set of 5 double pointed needles size 0 (2 mm, 13 English) *or* size necessary to obtain gauge.

One skein of 8/2 wool yarn (Size B) in each of the following colors: black, white, and red. A partial skein of the green is sufficient because there is so little in the pattern.

All yarn should be the same size within one mitten to assure a uniform gauge.

RIGHT HAND MITTEN

Cast on 72 stitches WITH THE 2- COLOR METHOD described in chapter three.

Use two needles and put an extra space between the stitches. If the cast on row is tight the scallop will not lay flat.

Black is the border color, red the first row of the scallops.

Distribute the stitches evenly on four needles (18 sts per needle). Knitting begins with the fifth needle.

Make Certain There is No Twist in the Cast-On Row. Tie in a circle (fig. 10).

Scalloped Border

The scallops are a multiple of 9 stitches.

Except for the black border of the cast-on, each color of the scallop is used for two rounds.

The cast-on row counts as the first round of red.

Round 2: Purl one round in red.

NORĀDĪJUMI KURZEMES APGABALA DŪRAIŅU ADĪŠANAI

Raksts šim cimdam ņemts no Rucavas novada, kuŗā dūraiņi adīti ar robainu valnīti.

Lielums: vidēja lieluma sieviešu rokas dūrainis.

Izmēri: 20 valdziņi - 2 collas (5 cm); 21 kārta - 2 collas (5 cm).

*Piederumi: 5 asu galu adāmadatas; resnums 0 (2 mm; 13 angļu) vai izmēriem piemērotais lielums.
Vienu 8/2 vilnas dzijas tinumu (šķeteri) (rupjums B); krāsas: melns, balts un sarkans. Mazāk par vienu tinumu dzijas zaļā krāsā. Rakstā zaļā krāsa maz lietota.
Visām dzijām jābut vienāda rupjuma.*

LABĀS ROKAS DŪRAINIS

Uzmet 72 valdziņus pēc divu krāsu dzijas metodes. Veids aprakstīts 3. nodaļā: uzmešana.

Uzmet uz divām kopā saliktām adatām, lai pirmās kārtas valdziņi būtu lielāki; vieglāk uzsākt adīt. Ja uzmetums pārāk stingrs, robiņi negulēs plakani.

Maliņa, robiņus iesākot, ir melnā krāsā; pirmā adījuma kārta robiņiem ir sarkanā krāsā.

Valdziņus vienlīdzīgi izdala pa 4 adatām (18 valdziņi uz katras adatas).

Adīšanu sāk ar piekto adatu.

Jāuzmanās, lai uzmetumā valdziņi nebūtu uz adatām sagriezušies. Četras adatas ar uzmestajiem valdziņiem izveido apli (att. 10).

Robiņu valnītis

Katrā robiņā ir pavisam 9 valdziņi.

Izņemot uzmesto melno maliņu, robiņiem katru krāsu lieto divām adījuma kārtām. Uzmešanas kārta ir pirmā kārta.

2. kārta: ada kreiliski vienu kārtu ar sarkano dziju.

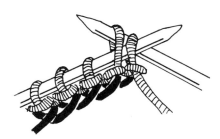

Fig. 19 *Att. 19*

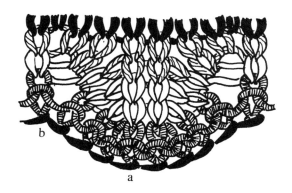

Fig. 20 *Att. 20*

Round 3: This is the first shaping row. Change to white yarn.

*Knit 2 together (K 2 tog) into the back of the stitch (fig. 19). This becomes the bottom of the scallop (fig. 20a).

Knit two stitches.

Yarn over — back to front, under and then over the needle.

Knit one. This is the top indent of the scallop (fig. 20b).

Yarn over.

Knit two stitches.

Knit two together (normal knit stitch).*

You have returned back to the scallop bottom and are ready to repeat between the asterisks* for the round (8 scallops total). Each scallop decreases and increases 2 stitches in each round. The number of stitches therefore remains the same, but the placement of stitches changes, forming the scallop wave.

Round 4: This is the second row of white.

Knit 2 together in the back of the stitches (fig. 19**).

Knit 2 stitches.

Yarn over.

Slip a stitch as if to purl.

Yarn over. The two yo's tend to overlay the slip stitch. Take notice to treat each as a separate stitch when knitting the next round.

Knit 2 stitches.

Knit 2 together (normal knit)**

Repeat between the **'s for the round. The knit 2 together stitches which form the scallop bottom should always line up.

Round 5: Change to green yarn. Repeat round 3.

Round 6: Continuing with green, repeat round 4. The scallops are now finished.

3. kārta: pirmā robiņu veidotāja kārta ir 3. kārta. Ņem balto dziju.

* *2 labiskus valdziņus saada kopā pretējā virzienā (att. 19). Rodas robiņa apakšējais lociņš (att. 20a).*

Izada 2 valdziņus.

Dziju apmet ap adatu - no apakšas uz augšu.

Izada vienu valdziņu. Tā ir robiņu augšējā daļa (att. 20b).

Apmet dziju ap adatu.

Izada 2 valdziņus.

*Saada 2 valdziņus kopā (parastais labiskais adījums). **

Nākošo robiņu adot, atkārto iepriekšējo adījumu, kā tas darīts augšā (sk. zvaigznītes; pavisam 8 robiņi). Katrs robiņš pamazinās un palielinās pa 2 valdziņiem katrā kārtā. Valdziņu skaits paliek tas pats, mainās tikai viņu vieta, veidojot robiņu vilnīti.

4. kārta: tā ir otra kārta ar balto dziju.

** *Saada 2 labiskus valdzinus kopā pretējā virzienā (att. 19).*

Izada 2 valdziņus.

Apmet dziju ap adatu.

Noceļ vienu valdziņu, kā to dara, kreiliski adot.

Apmet dziju ap adatu. Ap adatu apmestās dzijas it kā pārsedz pārceltos (neizadītos) valdziņus. Adot nākošo kārtu, visas apmestās dzijas jāizada tāpat kā valdziņi.

Izada 2 valdziņus.

*Saada 2 valdziņus kopā (parastais adījums). ***

Adot uz priekšu, atkārto adījuma veidu starp dubultzvaigznītēm (**).

Divi kopā saadītie valdziņi veido robiņa apakšējo daļu; kārtas gul viena uz otras.

5. kārta: ņem zaļo dziju; atkārto 3. kārtu.

6. kārta: adot ar zaļo dziju, atkārto 4. kārtu. Robiņi ir izadīti.

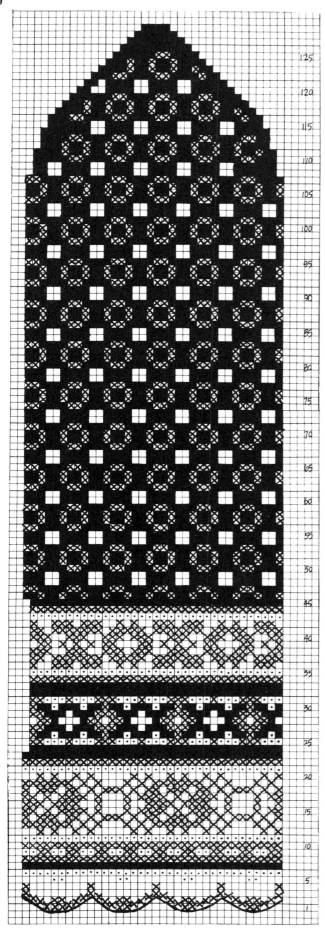

Fig. 21 *Att. 21*

Five beams make the house —
All five left over.
                              Knitting needles.

Pieci baļķi ēku taisa,
Visi pieci atliekas.
                              Adīklis.

Graph / Zīmējums 5
Kurzeme mitten / Kurzemes dūrainis

☐ *white / balts*
☒ *red / sarkans*
⊡ *green / zaļš*
■ *black / melns*

Round 7: Begin the cuff pattern on row 7 of the graph with a round of black.

Read the graph from bottom to top, right to left. The patterns carry around the mitten as discussed in chapter 3, using a graph.

Knit up and around in pattern until about to knit round 24. You have just knit a black round.

Round 24: Purl with black. Decrease 2 stitches evenly spaced within the round (70 sts).

Continue knitting in pattern until round 33.

Round 33: Purl in black. The two purl rows are simply design relief.

Continue knitting in pattern until round 46.

Palm of Mitten

This pattern is a multiple of 6 stitches, 72 stitches total.

Round 46: No green is used in the palm so it may be cut, leaving approximately 6 inches (15 cm) and sewn through the back of the stitches for 2 or 3 inches (5-7 cm).

Increase 2 stitches within this round.

Knit in pattern to the end of round 66. You are about to start the 4th white row of squares.

Rounds are more easily counted in groups in these simple, regular patterns, particularly when the background is dark. This design has six rows to one repeat.

Thumb Hole of Right Mitten

Knit across 2 needles, or ½ the mitten.

Knit 1 stitch on the 3rd needle.

Knit 15 stitches and put these onto a thread to hold until time to knit the thumb.

Knit the remaining 2 stitches onto the needle. There are only 3 stitches on the finished needle.

Knit around in pattern to the tied off stitches. Cast on 15 stitches in the colors and pattern of the graph (round 67). This is generally a single thread cast-on. The yarn is laid around the thumb of the left hand. The needle is inserted to form a half hitch on the needle (fig. 21).

The thumb hole stays this way until the mitten palm is complete.

Continue to knit up and around in pattern until you have completed 7 red patterns after the thumb (round 107).

Top Decreases

Check the mitten length with the intended wearer. The palm section can be shortened or lengthened at this point. This mitten has a more gradual decrease than the others. (The top here is longer than ½ the mitten width common to the other directions.)

With this top, the round on which to begin decreasing generally lies at the end of the little finger.

7. kārta: iesāk valnīša rakstu ar zīmējuma 7. rindu, adot nākošo kārtu ar melno dziju.

Zīmējumu lasa no apakšas uz augšu, no labās puses uz kreiso. Raksts veidosies apkārt cimdam, kā tas aprādīts zīmējumā (sk. nod. 3.: zīmējuma lietošanas veids).

Ada rakstā cimdam apkārt līdz zīmējuma 24. rindai. Ir izadīta kārta ar melno dziju.

24. kārta: ada kreiliski ar melno dziju; kārtā norauc 2 valdziņus (70 valdziņi).

Ada rakstā līdz 33. kārtai.

33. kārta: ada kreiliski ar melno dziju. Abu kreiliski adītās kārtas ir tikai pārmaiņa rakstā.

Ada rakstā līdz 46. kārtai.

Dūraiņa delna

Katrā raksta elementā ir 6 valdziņi (kopā 72).

46. kārta: zaļo krāsu delnā nelieto; zaļas krāsas dziju nogriež apmēram 6 collu (15 cm) garumā un piešuj cimda kreisajā pusē valdziņiem ap 2-3 collu (5-8 cm) garumā.

Šo kārtu pavairo par 2 valdziņiem.

Ada rakstā līdz 66. kārtas beigām. Jāsāk adīt 4. rindas rakstu baltie četrstūŗi.

Kārtas vieglāk saskaitīt pēc vienkāršām regulārām rakstu grupām, sevišķi, ja cimda pamatne ir tumšā krāsā. Šim rakstam ir 6 kārtas, pēc tam raksts atkārtojas.

Īkšķa caurums

Izada 2 adatas rakstā.

Izada 1 valdziņu trešās adatas sākumā.

Izada 15 valdziņus; uzņem tos uz pavediena un atstāj līdz tam laikam, kad būs jāada īkšķis.

Izada divus palikušos valdziņus. Uz adatas paliek tikai 3 valdziņi.

Ada rakstā apkārt dūrainim līdz valdziņiem, kas uzņemti uz pavediena.

Uzmet 15 valdziņus rakstā ar krāsainu dziju pēc dotā zīmējuma (67. rinda).
Valdziņus parasti uzmet vienas dzijas metumā. Dziju apmet ap kreisas rokas īkšķi. Adata ir iedurta, lai uzņemtu valdziņu (att. 21).

Īkšķa caurumu atstāj līdz plaukstas noadīšanai.

Ada rakstā cimdam apkārt, kamēr noraukšanas sākumam izadīti 7 četrstūŗu raksti ar sarkanu dziju (107. rinda).

Noraukšana

Pārbauda dūraiņa garumu ar tā valkātāja roku.
Plaukstas daļu te var pamazināt vai pagarināt. Šī veida cimda noraukšana ir pakāpeniskāka nekā cita veida. Dūraiņa gals te ir garāks par pusi no dūraiņa platuma; citiem dūraiņiem gals ir puse no dūraiņa platuma. Šī dūraiņa gala noraukšana parasti sākas ar mazā pirkstiņa galu.

32

Round 108: or round for the proper length of wearer

Needle 1: Knit 1 black.

Knit 2 together into the back of the stitches (fig. 19).

Knit across the needle in pattern.

Needle 2: Knit across the needle in pattern until 3 stitches remain to be knit.

Knit 2 together (normal) with black.

Knit 1 black.

Needle 3: Repeat needle 1.

Needle 4: Repeat needle 2 (68 sts total). Four stitches are decreased each decrease round.

Knit three rounds in pattern without decreases. Keep knitting the first and last 2 stitches of each side in black.

These stitches form a border accent.

Round 112: Repeat round 108. Decrease 2 stitches at each side of the mitten (64 sts total).

Knit two rounds in pattern. Continue to keep the black stitches at the sides for accent.

Round 115: Repeat round 108 (60 sts total).

Knit one round.

Round 117: Repeat the decreasing as done in round 108 in this and each successive round until only 8 stitches remain.

Cut the red and white yarns about 6 inches (15cm) from the knitting. Pass these to the inside of the mitten.

Start at the center front of the mitten and weave the remaining 8 stitches together. The mitten must be turned at a 90 degree angle from the normal working position to do this (fig. 22).

Turn mitten inside out.

Sew the ends of all three colors separately into the back of the stitches for 2 to 3 inches (5-7 cm).

Twist around a few stitches, but do not pull out of shape.

Trim ends close to the work.

Thumb

Transfer 15 stitches from the thread onto needles 1 and 2.

Pick-up 15 stitches from the cast-on edge and distribute on needles 3 and 4 (30 sts).

On both sides of the thumb, pick-up 2 extra stitches to allow fullness for thumb movement. (Twist these to avoid holes.)

Knitting begins on the lower right side of the thumb. This row is one lower than the back. Let the yarn ends hanging until the thumb is complete.

Work one round of the thumb in pattern.

In the next 2 rounds, knit 2 together at the thumb sides to eliminate fullness. (30 sts)

Work in pattern for the length required for the thumb. The thumb is more comfortable if decreasing begins at the exact length of the thumb. This allows freedom of movement.

108.kārta: kārtas skaitu īsteni nosaka valkātāja rokas garums.

1. adata: izada vienu valdziņu melnā dzijā.

Saada 2 labiskus valdziņus kopā, pretējā virzienā (att. 19).

Ada cimdam apkārt rakstā.

2. adata: izada adatu rakstā, līdz uz adatas paliek 3 valdziņi.

Saada 2 valdziņus kopā ir melnu dziju (parastais adījums).

Izada 1 valdziņu ar melnu dziju.

3. adata: atkārto pirmo adatu.

4. adata: atkārto otro adatu (pavisam 68 valdziņi). Katrā norauokuma kārtā norauc 4 valdziņus.

Izada 3 kārtas rakstā, nenorauocot. Izada melnā 2 pirmos un pēdējos valdziņus katrā cimda sānā.

Šie melnā dzijā izadītie valdziņi noder kā sānu akcentējums.

112. kārta: atkārto. Katrā pusē cimdam norauc 2 valdziņus (pavisam 64 valdziņi).

Izada 2 kārtas rakstā. Cimda sānos turpina adīt valdziņus ar melno dziju.

115. kārta: atkārto 108. kārtu (pavisam 60 valdziņi).

Izada vienu kārtu.

117. kārta: norauokšanu atkārto tāpat, kā tas darīts ar 108.kārtu; turpina norauokšanu, līdz paliek pāri tikai 8 valdziņi.

Sarkano un balto dziju nogriež apmēram 6 collas (15 cm) no adīkļa. Dzijas galus ievelk dūraiņa kreisajā pusē.

Ar adatā ievērtu dziju saņem pārpalikušos 8 valdziņus kopā. Salīdzinot ar adīkļa parasto stāvokli, cimdu pagriež 90° leņķī (att. 22).

Apgriež dūraiņa kreiso pusi uz āru.

Visus trīs krāsu dzijas galus piešuj katru atsevišķi kreisajā pusē 2-3 collu (5-7 cm) garumā.

Dažus valdziņus apgriež apkārt, bet nesavelk.

Dzijas galiņus nogriež tuvu adīklim.

Īšķis

Pārcel 15 pavedienam uzvērtos valdziņus uz pirmo un otru adatu.

Uzlasa 15 uzmestos valdziņus uz trešo un ceturto adatu.

Uzlasa 2 pārstaipus katrā īkšķa sānā (tos apgriež, lai nebūtu caurumu). Tas dod īkšķim pilnīgāku kustības brīvību (34 valdziņi).

Adīšana iesākas no īkšķa pamata labās puses. Šī priekšpuses kārta ir zemāka par mugurpuses kārtu.

Dzijas galus atstāj karājamies, līdz īkšķis noadīts. Izada īkšķim vienu kārtu rakstā.

Nākošās 2 kārtās saada 2 valdziņus īkšķa sānos kopā, lai īkšķis nebūtu pārāk liels (30 valdziņi).

Ada rakstā attiecīgā īkšķa garumā.

Īkšķis ir ērtāks, ja norauokšanu iesāk pareizā vietā, tas ir, kad adījums sniedzas līdz pusei īkšķa nagam.

Four brothers dwell in a house,
Without the fifth, they cannot live.
Knitting needles.

486.
Četri brāļi uzņem māju,
bez piektā nevar dzīvot.
Adīklis.

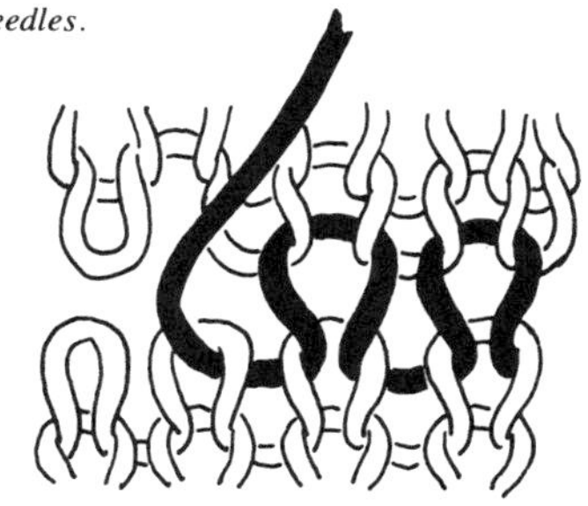

Fig. 22 Att. 22

Decrease *every* row. Keep the four black stitches at the edges.

Weave the last 8 stitches together **(fig. 22)**.

Finishing

Untie the knot put in the cast-on row of the mitten. Sew each of the colors through the back of the work to fasten off and finish the scallop edge.

Lay mitten flat to press.

Be careful to keep the beginning line exactly at the side crease where it is least noticeable. It has a tendency to twist while working.

Lay a damp cloth over and steam press.

LEFT HAND MITTEN

Use your first mitten as your guide when making the second.

The two mittens mirror one another, as do your hands.

Knitting begins at the palm section and proceeds around to the back, or graph section. The joining line therefore lies on the under side again.

Work as the right mitten to the thumb.

Left Hand Thumb Opening

Work only 1 needle on the round of the thumb hole.

Knit 2 stitches on the beginning of the second needle.

Knit 15 stitches in pattern. Put these stitches onto a thread to hold until time to knit the thumb.

Knit the 2 remaining stitches onto the needle. There are only 3 stitches on the finished needle. This section is simply a reverse of the right mitten.

Knit around to the tied off stitches.

Cast on 15 stitches in the pattern of the round. Continue to knit as on the right mitten for the remainder of the palm.

Decreasing is done as with the right mitten.

The thumb is knit to align with the left mitten, not with the right mitten.

Finish as the other mitten.

Norauc katru kārtu. Īkšķa sānos ada valdziņus ar melno dziju.
Astoņus palikušos valdziņus saņem kopā ar adatā ievērtu dziju (att. 22).

Nobeigums

Atsien mezglu, kas cimda maliņā aizmests, sākot dūraini adīt.
Piešuj dzijas galus dūraiņa kreisajā pusē, nostiprina un tā arī nobeidz robiņu valnīti.
Dūraini noliek plakaniski gludināšanai.
Ievēro, lai adījuma kārtu salaiduma vieta atrastos tieši cimda sānos, tur tā vismazāk duŗas acīs.
Uzliek mitru drānu; tvaiko.

KREISĀS ROKAS DŪRAINIS

Labās rokas dūrainis noder par paraugu, adot kreisās rokas dūraini.
Abi dūraiņi atbilst viens otram kā viena roka otrai.
Adīšana sākas ar plaukstas daļu un turpinās cimdam apkārt, kā tas parādīts zīmējumā. Adījumu kārtu salaidumu vieta ir atkal cimda sānos.
Ada tāpat kā labās rokas dūraini līdz īkšķim.

Kreisās rokas īkšķa caurums

Ada tikai ar vienu adatu līdz īkšķa caurumam.
Izada 2 valdziņus otras adatas sākumā.
Izada 15 valdziņus rakstā. Šos valdziņus uzņem uz pavediena, kur tie paliek, kamēr ir laiks sākt adīt īkšķi.
Izada 2 palikušos valdziņus. Nobeidzot uz adatas ir tikai 3 valdziņi.
Šī daļa vienkārši uzskatāma par labās rokas dūraiņa otrādi apgrieztu adījumu.
Ada apkārt līdz valdziņiem, kas uzņemti uz adatas.
Uzmet 15 valdziņus rakstā. Ada atlikušo plaukstas daļu tāpat kā labās rokas dūrainim.
Noraukšana izdarāma tādā pašā veidā kā labās rokas dūrainim.
Kreisās rokas dūraiņa īkšķis adāms tā, lai tas derētu kreisajai rokai.
Noraukšana un nobeigšana tāpat kā labās rokas dūrainim.

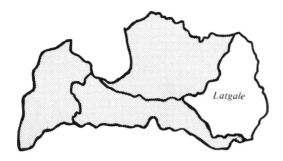

Latgale

CHAPTER SIX	SESTĀ NODAĻA

INSTRUCTIONS FOR MITTEN FROM THE DISTRICT OF LATGALE

This mitten is a combination of two mittens from the Krustpils area of Latgale. Both were found in Irma Lesina's book, *Latviešu cimdu raksti* (Latgale nos. 17 and 109).

Size: Women's medium

Gauge: 18 stitches per 2 inches (5 cm); 17 rows per 2 inches (5 cm).

Materials: Set of 5 double-pointed knitting needles, size 1 (2,50 mm, 12 English) *or* size necessary to obtain proper gauge.

One skein each of dark blue, white and medium grey sport weight wool knitting yarn (Size D). All yarn should be of the same size and ply within one mitten.

RIGHT HAND MITTEN

Cast on 72 stitches. If using the two color cast-on, blue is the border and grey the first stitch row (See Chapter 3, Cast-on).

Distribute stitches evenly on four needles. Knitting begins with the fifth needle.

Make Certain There is No Twist in the Cast-On Row. Tie in a circle (fig. 10).

Braided Pattern of Cuff

The first row of the graph is the cast-on row. Knitting begins with the second row. The graph is read bottom to top, right to left. (See Chapter Three, Using a Graph.)

Round 2: Knit 1 grey, knit 1 blue for the round. This row will surface in the center of the braid.

NORĀDĪJUMI LATGALES DŪRAIŅU ADĪŠANAI

Šim dūrainim paraugs ņemts pēc diviem Krustpils apkārtnes dūraiņiem; tie atrodami I. Lesiņas ,,Latviešu cimdu rakstos'' (sk. Latgale: 17 un 109).

Lielums: vidēja lieluma sieviešu rokas dūrainis.

Izmēri: 18 valdziņi — 2 collas (5 cm); 17 kārtas — 2 collas (5 cm).

Piederumi: 5 asu galu adāmadatas; resnums 1 (2,50 mm, 12 angļu) vai izmēriem piemērotais lielums.

Vilnas dzijas 1 tinums (1 šķetere) (rupjums D); krāsas: pelēks, balts un tumši zils. Visām dzijām jābūt vienādā rupjumā.

LABĀS ROKAS DŪRAINIS

Uzmet 72 valdziņus. Cimda malu sāk ar zilu dziju, valdziņus — ar pelēku (sk. 3. nod.: uzmešana).

Valdziņus izdala vienlīdzīgi pa 4 adatām (18 valdziņi uz katras adatas).

Adīšanu sāk ar 5-to adatu.

Jāuzmanās, lai valdziņi uz adatām nebūtu sagriezušies.

Četras adatas ar uzmestajiem valdziņiem izveido apli (att. 10).

Pīnes raksts valnītim

Pirmā rinda zīmējumā ir uzmešanas kārta. Adīšanu sāk ar otro rindu. Zīmējumu lasa no apakšas uz augšu, no labās puses uz kreiso (sk. 3. nod.: zīmējuma lietošanas veids).

2. kārta: ada vienu pelēku, otru zilu valdziņu labiski; šī kārta būs pīnes raksta centrā.

Hundred ride, hundred travel;
Bad luck comes to one, all stop.   *Knitting.*

2850.
Simts jāj, simts brauc;
vienam notiek nelaime, visi apstājas.   *Adīklis.*

Fig. 23 *Att. 23*

Round 3: Bring both colors forward. Purl 1 grey, purl 1 blue, keeping the colors in a row with those of the round before. Keep the colors alternating and always bring the next color to purl **over** the last stitch (fig. 23). This twists the yarn as you purl around the mitten.

To keep the yarn from knotting and becoming unmanageable, pull free approximately 1½ yards (1 meter) of both yarns and push the twist away from the knitting towards the yarn source. By the time the round is completed, you will have a 2-color spun yarn hanging from your knitting. (This is possibly the most tedious means of producing a plied yarn yet discovered.)

Round 4: Purl 1 grey, purl 1 blue the entire round, but this time bring each color **under** the last stitch as you purl around. As you come to the end of the row, the last twist releases from the yarn, as if by magic. If this task seems incredibly tedious, take heart! With the passing of rows, the interest in the design grows. When you have finally come to the end of the braids, the rest of the mitten seems to fly by.

Round 5: Knit 1 round blue.

Round 6: Knit 1 white, knit 1 blue for the entire round.

Round 7: Purl 1 white, purl 1 blue, twisting the yarn **over** the last stitch and pushing the twist down the yarn (see round 3).

Round 8: Purl 1 white, purl 1 blue, twisting the yarn **under** the last color for the entire round (see round 4).

Rounds 9-11: Knit these three rows in grey.

Begin the second pair of braids. These point to the right.

Round 12: Knit 1 grey, knit 1 blue for the round.

Round 13: Bring yarns forward. Purl 1 grey, purl 1 blue, always carrying the yarn in front and twisting **under** the last stitch. (This is reverse of the last pattern; hence the reverse in braid direction.) Push the twist down the yarn 1½ yards (1 meter) or so as with the first braids.

Round 14: Purl 1 grey, purl 1 blue for the round, always twisting the yarn **over** the previous stitch. Once again — Presto! End of row, end of twist.

3. kārta: abu krāsu dzijas izceļ virspusē.

Ada kreiliski vienu pelēku, otru zilu valdziņu; katrā nākošā kārtā dzijas krāsa sakrīt ar iepriekšējo kārtu. Kad dzijas krāsu maina, tad nākošo krāsu vienmēr ada kreiliski, dziju ņem PĀRI iepriekšējam valdziņam (att. 23). Adot ar vairākām dzijām, tās satinas kopā.

Lai dzijas nemezglotos un neapgrūtinātu adīšanu, dzijas no kamoliem izvelk apm. pusotra jarda (1 m) atstatumā no adīkļa.

4. kārta: ada vienu pelēku, otru zilu valdziņu kreiliski; nākošo krāsu vienmēr ada kreiliski, dziju ņem ZEM iepriekšējā valdziņa.

5. kārta: ada labiski vienu kārtu ar zilu dziju.

6. kārta: ada vienu baltu, otru zilu valdziņu labiski visapkārt cimdam.

7. kārta: ada vienu baltu, otru zilu valdziņu kreiliski; nākošo krāsu vienmēr ada kreiliski, dziju nem PĀRI iepriekšējam valdziņam (kā 3. kārtā).

8. kārta: ada vienu baltu, otru zilu valdziņu kreiliski; nākošās krāsas dziju ņem ZEM iepriekšējā valdziņa (kā 4. kārtā).

9. - 11. kārta: ada kārtas labiski ar pelēku dziju.

Iesāk otru pīnes pāri, kas iet labā virzienā.

12. kārta: ada vienu pelēku, otru zilu valdziņu labiski.

13. kārta: abu krāsu dzijas izceļ virspusē. Pēc norādījumiem tas ir pretējais virziens; pīne arī ir pretējā virzienā. Ada vienu pelēku, otru zilu valdziņu kreiliski; nākošās krāsas dziju vienmēr ņem ZEM iepriekšējā valdziņa. Tāpat kā ar pirmo pīni, dzijas no kamoliem izvelk apm. pusotra jarda (1 m) atstatumā no adīkļa.

14. kārta: ada vienu pelēku, otru zilu valdziņu kreiliski; nākošo krāsu vienmēr ada kreiliski, dziju ņem PĀRI iepriekšējam valdziņam.

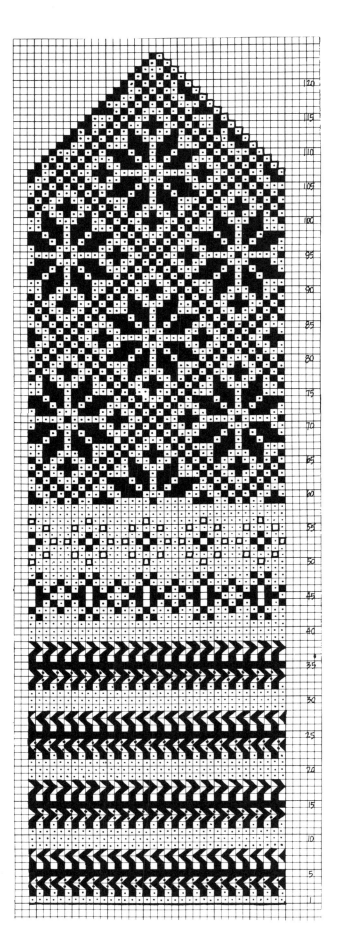

Fig. 24 *Att. 24*

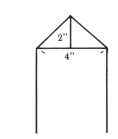

Fig. 25 *Att. 25*

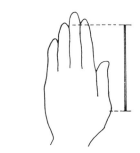

Fig. 26 *Att. 26*

Graph / Zīmējums 6
Latgale mitten / Latgales dūrainis
☐   *white / balts*
⊡   *grey / pelēks*
■   *navy blue / tumši zils, mēļš*

Round 15: Knit 1 round in blue.

Round 15: Knit 1 round in blue.

Round 16: Knit 1 white, knit 1 blue for the round.

Round 17: Purl 1 white, purl 1 blue, twisting the yarn **under** the last stitch and pushing the twist away from the knitting.

Round 18: Purl 1 white, purl 1 blue, twisting the yarn **over** the last stitch and untwisting the knitting yarn.

Rounds 19-21: Knit all three rounds in grey.

Because of the combination of knit and purl rows, this section gathers up. One half of the knitting is tucked under the other half.

Rounds 22-41: Repeat rounds 2-21. There are now four sets of braids: four visible rows per set — two sets pointing in each direction (see graph).

The flat patterns of the cuff begin on round 42. The rest of the mitten is all knit — no purl. These two cuff patterns are multiples of 8 stitches.

The palm and back of this mitten are not identical. See Chapter 3, Using a Graph, for a clearer discussion of following the patterns AROUND the mitten.

Body of Mitten

This pattern is based on multiples of 24 stitches. (72 stitches give 3 repeats.)

Round 59: This pattern is centered on the mitten back to give an attractive line when the decreasing begins. It is an ideal two color/two hand pattern. (See chapter 3, Two Color Knitting.)

Knit up ½ pattern, or 12 rounds.

Thumb Hole

Round 71: Knit across 2 needles in pattern. to the palm ½ of the mitten.

Knit 1 st on the beginning of the third needle.

Knit 15 stitches in pattern. Put these stitches onto a thread to hold until time to knit the thumb.

Knit the remaining 2 stitches onto the needle. There are only 3 stitches on the finished needle.

Knit around in pattern to the tied off stitches.

Cast-on 15 stitches in the colors and pattern of the graph (round 72). This cast-on is generally a single thread cast-on. The yarn is laid around the thumb of the left hand and the needle inserted to form a half-hitch on the needle (fig. 24).

Continue to knit in pattern up the palm until 2½ patterns are knit on the back of the palm (round 107).

Check the mitten length with the intended user. The mitten may be shortened or lengthened accordingly at this point. Decreasing for the top adds a length approximately ½ the mitten width. If the mitten width is 4 inches (10 cm), allow 2 inches (5 cm) for decreasing (fig. 25). The length of the palm should measure approximately the length to the first knuckle of the middle finger from the bottom of the thumb (fig. 26).

15. kārta: ada vienu kārtu labiski ar zilu dziju.

16. kārta: ada labiski vienu baltu, otru zilu valdziņu.

17. kārta: ada kreiliski vienu baltu, otru zilu valdziņu; nākošo krāsu vienmēr ada kreiliski, dziju ņem ZEM iepriekšējā valdziņa.

18. kārta: ada vienu baltu, otru zilu valdziņu kreiliski; nākošo krāsu vienmēr ada kreiliski, dziju ņem PĀRI iepriekšējam valdziņam.

19. – 21. kārta: ada 3 kārtas labiski ar pelēku dziju.

Tā kā kārtas ada gan labiski, gan kreiliski, tad šī cimda daļa viegli sakrokojas.

22. – 41. kārta: atkārto 2. – 21. kārtai. Tagad ir četri pīņu komplekti: katrā komplektā ir četras redzamas rindas. Viens komplekts iet vienā virzienā, otrs — otrā virzienā (sk. zīm.).

42. kārta: sāk adīt valdziņus tikai labiski.

Valnīša abu rakstu elementos ir 8 valdziņi.

Dūraiņa delna

Katrā raksta elementā ir 24 valdziņi, pavisam kopā 72 valdziņi.

59. kārta: viens raksta elements izceļas cimda virspuses centrā. Šis cimda paraugs ir ideāls abu roku adīšanas veids (sk. 3. nod.: divkrāsu adīšanas veids).

Izada pusi raksta elementa vai 12 kārtas.

Īkšķa caurums

71. kārta: izada 2 adatas rakstā.

Izada 1 valdziņu trešās adatas sākumā.

Izada 15 valdziņus rakstā. Šos valdziņus uzņem uz pavediena (diega) un atstāj līdz tam laikam, kad sāksies īkšķa adīšana.

Izada uz adatas palikušos 2 valdziņus; uz adatas paliek tikai 3 valdziņi.

Ada apkārt rakstā līdz valdziņiem, kas uzlasīti uz pavediena.

Uzmet 15 valdziņus, sekojot rakstam pēc zīmējuma (73. rinda). Valdziņus parasti uzmet ar vienu dziju. Dziju apmet ap kreisās rokas īkšķi. Adata ir iedurta, lai uzņemtu valdziņu (att. 24).

Ada rakstā 2-1/2 raksta elementus (līdz 107. kārtai).

Pārbauda dūraiņa garumu ar tā valkātāja roku. Plaukstas daļu te var pamazināt vai pagarināt. Gala noraukšanas garums ir apmēram puse no cimda platuma (att. 25). Plaukstas garumu mērī, sākot ar īkšķa pirmās locītavas pamatu uz vidus pirksta pirmo locītavu (att. 26).

Fig. 27 Att. 27

Fig. 28 Att. 28

Top Decreases

Needle 1: Knit 1 grey. With blue, knit 2 together into the back of the next 2 stitches (fig. 27).

Knit across the needle in pattern.

Needle 2: Knit in pattern all but the last 2 stitches. With blue, knit 2 together.

Needle 3: repeat needle 1.

Needle 4: repeat needle 2.

Four stitches are decreased each round for the remainder of the mitten. One stitch is decreased at each corner, with a contrasting line traveling up the centers of the decreases.

As the stitches per needle decrease, it becomes awkward to work on four needles. Stitches can then be transferred onto 2 needles — one for the palm and the other for the back.

When there are four stitches per needle (8 sts total), knit 1 grey, slip stitch, knit 2 together with blue, psso (pass slip stitch over).

Repeat (4 sts remain).

Cut the blue and grey yarns about six inches (15 cm) from work and thread both through a yarn needle. Pass the needle through the remaining four stitches. Turn the mitten and pull the ends inside. Stitch each color separately into the back of the stitches for 2 or 3 inches (5-7 cm) to secure the end. Cut.

Knitting Thumb

Transfer 15 stitches from the front thread onto 2 needles.

Pick-up 15 stitches from the cast-on edge and distribute on 2 needles.

Pick-up (twist to avoid holes) 2 extra stitches on each side of the thumb to give some fullness for thumb movement (34 stitches).

The two needles of the front of the thumb continue the pattern of the wrist section going up. The two needles of the inside of the thumb continue the pattern of the palm going down (fig. 28).

Noraukšana

1. adata: ada vienu valdziņu ar pelēku dziju. Ar zilu dziju saada divus valdziņus labiski kopā pretējā virzienā (att. 27).

Izada rakstā primo adatu.

2. adata: izada adatu, izņemot divus beidzamos valdziņus. Ar zilu dziju saada divus valdziņus kopā parastā veidā.

3. un 4. adata: atkārto 1. un 2. adatas adījumu.

Katrā kārtā norauc 4 valdziņus, t.i., katras kārtas cimda sānos norauc 2 valdziņus; izadot vienu valdziņu ar zilo dziju starp noraucamiem valdziņiem.

Valdziņu skaitam uz adatām samazinoties, adīšana ar 4 adatām kļūst neērta. Valdziņus var uzņemt uz 2 adatām: viena adata plaukstai, otra cimda virspusei.

Kad uz katras adatas palikuši 4 valdziņi (kopā 8), tad pirmo valdziņu izada labiski ar pelēku dziju. Ar zilo dziju kreiliski noceļ otro valdziņu; trešo un ceturto valdziņu saada kopā, otro valdziņu pārvelk tiem pāri. Atkārto (pavisam paliek 4 valdziņi).

Dziju nogriež ap 6 collu (15 cm) garumā. Ieveŗ adatā pelēko un zilo dziju un izveŗ cauri četriem atlikušajiem valdziņiem.

Apgriež dūraiņa kreiso pusi uz āru (iekšpusi).

Piešuj abus dzijas galus dūraiņa kreisajā pusē 2 – 3 collu (5 – 7 cm) garumā. Nogriež.

Īkšķa adīšana

Pārceļ 15 pavedienam uzvērtos valdziņus uz pirmo un otru adatu.

Uzlasa 15 uzmestos valdziņus uz trešās un ceturtas adatas.

Uzlasa 2 pārstaipus katrā īkšķa sānā (tos apgriež, lai nebūtu caurumu).

Tas dod īkšķim pilnīgāku kustības brīvību (34 valdziņi).

The two ends of yarns joined at the thumb should be left on the outside. They will be secured later.

Knitting begins on the lower row, right corner. This row is one lower in pattern than the back of the thumb.

Work one round of the thumb in pattern.

In the next **two** rounds, knit 2 together at the thumb side to eliminate fullness (30 sts).

Work pattern for the length required for the thumb. The thumb functions better if decreasing starts at the exact length of the thumb, allowing room for movement.

Decrease as in the palm section, carrying the grey stitch up between the decrease pairs.

Bind off as in the palm.

Finishing

Untie the knot put in the cast-on row of the mitten. Sew each color through the back of the work to fasten off.

Lay mitten flat to press.

Be careful to keep the beginning line exactly at the side crease, as it is then least noticeable. It has a tendency to twist while working.

Lay a damp cloth over and steam.

LEFT HAND MITTEN

Use the first mitten as your guide when making the second.

Knitting begins at the palm and proceeds around to the back, or graph section.

Work the mitten as if seen in a mirror, including the thumb.

Left Hand Thumb Opening

Work only 1 needle on the thumb round (round 71).

Knit 2 stitches on the beginning of the second needle.

Knit 15 stitches in pattern. Put these stitches onto a thread to hold until time to knit the thumb.

Knit the 2 remaining stitches onto the needle. There are only 3 stitches on the finished needle.

Knit around in pattern to the tied off stitches.

Cast on as in the right mitten, and continue to knit to the same length as the first mitten.

Decrease as on the right mitten and finish off.

Knit the thumb in the same manner as the right hand mitten.

Finish.

Abas priekšējās adatas ada plaukstas rakstu, ejot uz augšu. Abas aizmugurējās adatas ada plaukstas rakstu, ejot uz apakšu (att. 28). Dziju gali, kas ņemti īkšķim, atstājami ārpusē. Tos vēlāk nostiprinās.

Adīšana iesākas ar apakšējo kārtu no labās puses. Priekšpuses kārta ir par vienu kārtu zemāk par mugurpuses kārtu.

Izada īkšķim vienu kārtu rakstā.

Nākošajās 2 kārtās saada 2 valdziņus īkšķa sānos kopā, tā samazinot īkšķa platumu (30 valdziņi).

Ada īkšķi rakstā, īkšķim paredzētā garumā. Īkšķis ir ērtāks, ja valdziņu noraukšanu iesāk pareizā vietā, tas ir, kad adījums sniedzas līdz pusei īkšķa nagam.

Norauc tāpat kā plaukstu; izadot vienu valdziņu ar zilo dziju starp noraucamiem valdziņiem. Kad paliek tikai 4 valdziņi, dziju 6 collu (15 cm) garumā nogriež un galus ievelk dzijas dūraiņa kreisajā pusē tāpat, kā tas darīts ar plaukstu.

Nobeigums

Atsien mezglu, kas aizmests, iesākot dūraini adīt. Piešuj katru dziju dūraiņa kreisajā pusē; galus nostiprina.

Noliek dūraini plakaniski gludināšanai.

Ievēro, lai adījuma kārtu salaiduma vieta atrastos tieši cimda sānos, tur tā vismazāk duras acīs.

Uzliek mitru drānu; tvaiko.

KREISĀS ROKAS DŪRAINIS

Lieto labo dūraini par paraugu kreisajam.

Adīšana sākas plaukstas pusē apkārt cimdam. Zīmējumā rādīta cimda virspuse. Labās rokas cimda raksts atbilst kreisās rokas cimda rakstam tāpat kā viena roka — otrai.

Kreisās rokas īkšķa caurums

Izada tikai pirmo adatu īkšķa adījuma kārtā (71. rinda zīmējumā).

Izada 2 valdziņus otras adatas sākumā. Izada 15 valdziņus rakstā; uzņem šos valdziņus uz pavediena, tie tur paliek līdz īkšķa adīšanai.

Izada 2 palikušos valdziņus. Uz nobeidzējas adatas paliek 3 valdziņi.

Ada apkārt līdz valdziņiem, kas uzņemti uz pavediena.

Uzmet 15 valdziņus rakstā.

Ada atlikušo plaukstas daļu tāpat kā labās rokas dūrainim.

Noraukšana un nobeigšana tāpat kā labās rokas dūrainim.

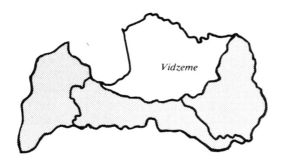

Vidzeme

CHAPTER SEVEN	*SEPTITĀ NODAĻA*

INSTRUCTIONS FOR MITTEN FROM THE DISTRICT OF VIDZEME

These were my first Latvian mittens. The techniques were shown to me by my mother-in-law, Alvine Upitis, and the design taken from a mitten of hers. She is from the hills of Vidzeme.

Size: Medium men's mitten (Medium women's in parentheses).

Gauge: 18 stitches per 2 inches (5 cm); 17 rows per 2 inches (5 cm).

Materials: Set of 5 double-pointed knitting needles, size 0 (2,50 mm, 13 English) *or* size necessary to obtain the proper gauge.

One skein of wool sport weight or 7/2 weaving yarn (Size D) in each of four colors: dark brown, gold, red and white.

All yarn should be the same size and ply within one mitten.

RIGHT HAND MITTEN

Cast on 96 stitches. The border color can be any in the mitten. The first row of stitches should be brown. (See cast-on in Chapter 3).

Distribute these stitches evenly on 4 double pointed needles (24 per needle). Knitting begins with the fifth needle.

Be certain there is no twist in the cast-on row. Tie in a circle (fig. 10).

Purl one round. (This is the outside of the mitten.)

Fringe

Turn knitting ½ turn (fig. 29). The starting point is now facing out and you are looking at the **inside** of the mitten.

NORĀDĪJUMI VIDZEMES DŪRAIŅU ADĪŠANAI

Šie bija mani pirmie cimdi latviskā rakstā. Adīšanas techniku man iemācīja mana vīramāte.

Lielums: vidēja lieluma vīriešu rokas cimds (vidēja lieluma sieviešu rokas cimda izmēri likti iekavās).

Izmēri: 18 valdziņi — 2 collas (5 cm), 17 adījumu kārtas — 2 collas (5 cm).

Piederumi: 5 asu galu adāmadatas; resnums 0 (2 mm; 13 angļu) vai izmēriem piemērotais lielums.

Vilnas dzija 4 krāsās: tumši brūna, dzeltena, sarkana un balta. No katras krāsas 1 tinums (šķetere) vidēja rupjuma adāmās dzijas vai 7/2 aužamās dzijas (rupjums D). Visām dzijām jābūt vienādā rupjumā.

LABĀS ROKAS DŪRAINIS

Uzmet 96 valdziņus. Cimda sākuma mala var būt kaut kurā krāsā. Pirmajai valdziņu kārtai jābūt brūnai (sk. nod. 3.: uzmešana).

Valdziņus izdala vienlīdzīgi pa 4 adatām (24 valdziņi uz katras adatas). Adīšanu sāk ar 5-to adatu.

Jāuzmanās, lai valdziņi uz adatām nebūtu sagriezušies.

Četras adatas ar uzmestajiem valdziņiem izveido apli (att. 10).

Pirmo kārtu apada kreiliski (tā ir dūraiņa ārpuse vai labā puse).

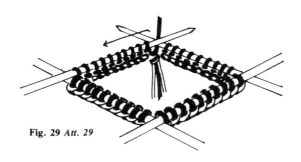

Fig. 29 *Att. 29*

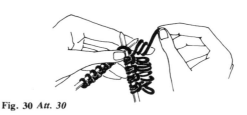

Fig. 30 *Att. 30*

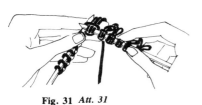

Fig. 31 *Att. 31*

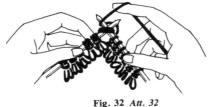

Fig. 32 *Att. 32*

Fig. 33 *Att. 33*

You will be knitting back on the stitches which were just knit. For this row, it is as if you were knitting all stitches off one straight needle and have just turned your work to knit back across the row.

Wind the yarn **loosely** around your index finger 2 **or** 3 times (fig. 30).

Two winds will make a single looped fringe. Three winds make a double loop. The double loop (three wraps) is generally more satisfactory, but it makes a bulkier stitch to work. For your first fringe, a single loop (two wraps) may be more manageable.

Knit off the 2 (3) strands loosely wrapped around the index finger as if they were a single strand (fig. 31).

Continue making fringe of the same density in each stitch of the round.

Round 3: Knit again in the same direction, still using brown. Catch the 2 (3) threads as if they were a single simple stitch (fig. 32). As they are knit, the fringe stitches tend to pull up and loosen. Adjust the tension of stitches occasionally while knitting. Pull down evenly on each stitch until it seats itself. The stitches will then stay in place for the life of the mitten.

Turn mitten back ½ turn. You now look at the outside of the mitten. The fringe will be on the outside. Work will progress around and up the mitten.

Round 4: Knit 1 round (fig. 33).

Cuff

Begin the cuff pattern with one white round (row 3 of the graph). Start reading the graph from the bottom right. (See chapter 3, Using a Graph).

Work in the pattern of the graph AROUND the mitten until round 15.

Within this round, decrease (knit 2 tog.) 6 stitches, evenly spaced around the cuff (90 sts).

Continue to work in the pattern of the graph until the 32nd round.

Bārkstis

ADĪKLIM PAGRIEŽ pretējo pusi uz priekšu (att. 29). Dziju apmet ap kreisās rokas rādītāja pirkstu divi vai trīs reizes tā, lai dzijas krustotos virspusē (att. 30). Adot labiski, cauri valdziņam izvelk krustojumu (att. 31). Tā turpina adīt cimdam visapkārt.

3. kārta: Lai bārkstis nostiprinātu, nākošo kārtu arī ada labiski (att. 32). Pēc tam CIMDU PAGRIEŽ ATPAKAĻ.

4. kārta: ada 1 kārtu (att. 33).

Valnītis

Valnīti iesāk ar balto dziju, noadot vienu kārtu (3. rinda zīmējumā).

Raksts jāskaita, sākot apakšā no labās puses (sk. nod. 3.: zīmējuma lietošanas veids).

Sekojot rakstam pēc zīmējuma, noada līdz 15. kārtai.

Nākošo kārtu samazina par 6 valdziņiem, saadot pa 2 valdziņiem kopā vienādos atstatumos (paliek 90 valdziņi).

Ada rakstu līdz 32. kārtai.

Samazina par 6 (8) valdziņiem kārtā, saadot pa 2 valdziņiem kopā vienādos atstatumos, paliek 84 (82) valdziņi.

Ada rakstā līdz 40. kārtai. (Sieviešu cimdam 40. kārtu samazina pa 12 valdziņiem (paliek 70 valdziņi)).

Fig. 34 *Att. 34*

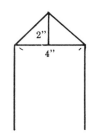

Fig. 35 *Att. 35*

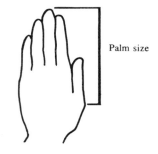

Palm size

Fig. 36 *Att. 36*

Graph / Zīmējums 7
Vidzeme mitten / Vidzemes dūrainis
☐ *white / balts*
☒ *red / sarkans*
◕ *gold / zelta krāsa*
■ *brown / brūns*

In this round, decrease 6 (8) stitches (knit 2 tog.) evenly spaced. There are 84 (82) stitches remaining.

Work 8 more rounds in pattern. (Women's mitten decreases 12 stitches in the 40th round (70 sts).)

Body of Mitten

This pattern is a multiple of 14 stitches. This pattern is easier to count if the diagonal pattern threads are used as the counting threads. This is true of many other patterns as well.

Work up the mitten body for two full patterns (27 rounds of pattern, to 68th row of the graph). You have just knit the bars of a cross and a row with a gold stitch.

Right Hand Thumb Opening

Work across 2 needles, or ½ the mitten.

Knit 2 (1) sts on the beginning of the third needle.

Knit 16 (14) stitches in pattern. Put these stitches on a thread to hold until time to knit the thumb.

Knit the remaining 3 (2) stitches onto a needle. There are only 5 (3) stitches on the finished needle.

Knit around in pattern to the tied off stitches.

Cast on 16 (14) stitches in the colors and pattern of the graph. (round 69) This cast-on is generally done in single thread cast-on. The yarn is laid around the thumb of the left hand. The needle is inserted to form a half hitch on the needle (fig. 34). The thumb hole is left like this until the mitten body is finished.

Continue to knit in pattern up the hand for 2½ (2) pattern sections (round 102 (96)).

Check the mitten length with the intended user. The palm section can be shortened or lengthened accordingly at this point.

Top Decreases

Be certain the stitches are distributed evenly on all needles.

Decreasing for the top adds a length approximately ½ the mitten width. If the mitten width is 4 inches (10 cm), allow 2 inches (5 cm) for decreasing (fig. 35).

Work the palm up to **palm length minus ½ palm width.** Palm length is measured from the bottom of the thumb knuckle to the top of the middle finger (fig. 36).

A white stitch is kept between the rows of decreases.

Knit 1 in white.

With brown, slip 1, knit 1, pass slip stitch over (sl 1, k 1, psso).

Work in pattern across the first needle.

Work second needle in pattern until the last 2 stitches. Knit 2 tog. with brown.

Needles 3 and 4 are repeats of needles 1 and 2.

Four stitches are decreased each round for the remainder of the mitten. One stitch is decreased at each corner, with the white stitch in the middle of the decreases.

Dūraiņa delna

Katrā raksta elementā ir 14 valdziņi, pavisam kopā 84 (70) valdziņi.

Visvieglāk valdziņus saskaitīt pa raksta diagonāli. Tas sakāms arī par citiem rakstiem.

Delnā jānoada 2 pilni raksti (27 kārtas delnas rakstā, 68. rinda zīmējumā).

Ar šo 68. kārtu ir noadīta dzeltenās dzijas rakstu kārta.

Īkšķa caurums

Izada divas adatas rakstā.

No trešās adatas izada 2 (1) valdziņus.

Ada 16 (14) valdziņus rakstā. Tos uzņem uz pavediena (diega). Tie tur paliek līdz tam laikam, kad sāk adīt īkšķi.

Izada uz adatas palikušos 3 (2) valdziņus; uz adatas paliek 5 (3) valdziņi.

Ada nākošo kārtu līdz valdziņiem, kas uzņemti uz pavediena.

Uzmet 16 (14) valdziņus, sekojot rakstam pēc zīmējuma (69. rinda). Šī uzmešana izdarāma vienas dzijas metumā. Dziju apņem ap kreisās rokas īkšķi. Adata ir iedurta, lai uz adatas uzņemtu valdziņu (att. 34). Īkšķa caurumu tā atstāj, līdz noadīts viss cimds.

Ada 2-1/2 (2) rakstu elementus (102. rinda (96. rinda)).

Pārbauda cimda garumu ar tā valkātāja roku. Cimdu te var paīsināt vai pagarināt.

Cimda noraukšana

Gala noraukšanas garums ir apmēram puse no cimda platuma.

Ja cimds ir 4 collas (10 cm) plats, noraukums ir 2 collas (5 cm) (att. 35).

Ada līdz plaukstas garumam, atskaitot 1/2 platuma.

Plaukstas garumu mēri no īkšķa pirmās locītavas līdz vidējā pirksta galam (att. 36).

Balts valdziņš ir ieadīts noraukumā starp noraukuma kārtām.

Ar balto dziju izada vienu valdziņu.

Ar brūno dziju kreiliski noceļ pirmo valdziņu, otro izada, pirmo pārvelk otram pāri.

Izada rakstā pirmo adatu.

Otro adatu ada rakstā līdz pēdējiem diviem valdziņiem. Pēdējos 2 valdziņus saada kopā.

Trešo un ceturto adatu ada tāpat kā pirmo un otro.

Katrā kārtā tālāk norauc 4 valdziņus; katras kārtas cimda sānos norauc 2 valdziņus; izadot balto valdziņu noraukšanas vidū.

44

Fig. 37 Att. 37

As the stitches per needle decrease, it becomes awkward to work on four needles. Stitches can then be transferred onto two needles; one for the palm and the other for the back.

When there are 4 stitches remaining, knit 2 together with white. Thread the colored yarns through to the inside of the mitten. Sew through the two remaining stitches with the white thread two times. Pass the white thread to the inside.

Turn the mitten inside out.

Braid the ends together for a length of 1½ inches (4 cm) or so. Knot. Turn mitten.

Knitting Thumb

Transfer 16 (14) stitches from the front thread onto needles 1 and 2.

Pick-up 16 (14) stitches from the cast-on edge and distribute on needles 3 and 4. (32 (28) stitches)

Pick-up 2 extra stitches (twist to avoid holes) on each side of the thumb to give some fullness for thumb movement. (36 (32) stitches)

The two needles of the front of the thumb will continue the pattern of the wrist section going up. Front and back of the thumb mirror each other (fig. 37).

The front of the thumb is knit first as it is a row behind in the pattern.

Work one round of the thumb in pattern.

Check the opening size. If it seems snug, do not decrease in the next rows. Generally, eliminate fullness with one knit 2 together at each side in the next two rounds.

Work 1½ pattern lengths, or that required for the thumb. The thumb functions better if decreasing starts at the exact length of the thumb, allowing room for movement.

Valdziņu skaitam uz adatām samazinoties, adīšana ar 4 adatām kļūst neērta. Valdziņus var uzņemt uz 2 adatām: viena adata plaukstai, otra cimda virspusei.

Kad palikuši 4 valdziņi, 2 valdziņus saada kopā ar balto dziju.

Dziju nogriež ap 6 collu (15 cm) gaŗumā.

Krāsainās dzijas ievelk cimda iekšpusē. Balto dziju izveŗ cauri 2 atlikušiem valdziņiem, ievelkot balto dziju cimda iekšpusē un to nostiprinot.

Apgriež cimda kreiso pusi uz āru.

Sapin galus kopā, apmēram 1,50 collu (3–4 cm) gaŗumā. Nosien.

Cimdu apgriež atpakaļ uz labo pusi.

Īkšķa adīšana

Pārceļ 16 (14) pavedienam uzvērtos valdziņus uz pirmo un otru adatu.

Uzlasa 16 (14) uzmestos valdziņus uz trešo un ceturto adatu.

Uzlasa 2 pārstaipus katrā īkšķa sānā (tos apgriež, lai nebūtu caurumu). Tas dod īkšķim pilnīgāku kustības brīvību (36 (32) valdziņi).

Uz priekšējām 2 adatām ada plaukstas rakstu uz augšu. Īkšķa aizmugurē tas pats raksts (att. 37).

Īkšķa priekšpusi iesāk pirmo adīt plaukstas rakstā.

Īkšķim apada vienu kārtu rakstā.

Pārbauda īkšķa vietas lielumu. Ja tas liekas ērts, nākošās kārtas nesamazina. Lai samazinātu īkšķa platumu, parasti saada 2 valdziņus kopā katrā sānā divās nākošās kārtās.

Ada 1-1/2 raksta gaŗumu vai kā to prasa valkātāja īkšķa gaŗums.

Īkšķis ir ērtāks, ja noraukšanu iesāk pareizā vietā, tas ir, kad adījums sniedzas līdz pusei īkšķa nagam.

I was knitting for my loved one
Colored mittens bright and warm;
Fine designs put all around them,
In the middle — my own heart.

7248

Es savam mīļajam
Raibus cimdus noadīju;
Apkārt liku sīkus rakstus,
Vidū savu sirdi liku.

7248

This pattern involves a few long floats of yarns in the back. These sometimes need to be twisted with the working yarn at the sides to keep the proper opening. Stretch the knitting a little after each round in order to keep it relaxed.

Decrease as in the palm section, carrying the white stitch up between the decrease pairs.

Bind off as in the palm.

Finishing

Lay mitten flat to press.

Be careful to keep the line of the pattern join at the side crease where it is least noticeable. It has a tendency to twist while working.

Pull down the fringe and straighten.

Steam (with or without a damp cloth).

LEFT HAND MITTEN

Use the first mitten as your guide when making the second.

Knitting begins at the palm section and proceeds around to the back or graph section.

The pattern is worked as if seen in a mirror. It reverses as do your palms.

Left Hand Thumb Opening

Work only one needle on the thumb row (round 68 of the graph).

Knit 3 (2) stitches on the beginning of the second needle. Provide the same opening as with the right hand mitten.

Two (one) stitches are not knit off the needle (5 (3) stitches total). This is a reverse of the right hand mitten thumb.

Decrease as for the right hand mitten, and finish off.

Knit thumb in the same manner as the right hand mitten thumb was knit.

Finish.

Tā kā šis cimdu raksts vietām rada garus pārstaipus, tad pārstaipu dzijas dažreiz jāapņem ap adāmo dziju īkšķa sānos. Adījums pēc katras kārtas noadīšanas ir jāpastiepj, lai tas kļūtu vaļīgāks.

Norauc tapāt kā plaukstu; adot balto dziju starp norauktiem valdziņiem un dzijas cimda kreisajā pusē nostiprinot.

Nobeigšana

Sagatavo cimdu gludināšanai.

Ievēro, lai adījuma kārtu salaiduma vieta atrastos tieši cimda sānos, tur tā vismazāk duras acīs. Adot adījumam ir bijusi tieksme griezties.

Bārkstis pastiepj un iztaisno.

Tvaiko ar vai bez mitras drēbes.

KREISĀS ROKAS CIMDS

Kreiso cimdu adot, ņem par paraugu labās rokas cimdu.

Adīšanu iesāk plaukstas pusē apkārt cimdam. Zīmējumā rādīta cimda virspuse.

Pirmā cimda raksts atbilst otra cimda rakstam — tāpat kā viena roka-otrai.

Kreisās rokas īkšķa caurums

Izada tikai pirmo adatu īkšķa adījuma kārtā (68. rinda zīmējumā).

Izada 3 (2) valdziņus otras adatas sākumā.

Sagatavo īkšķa vietu tāpat kā labās rokas cimdam. Pavisam kopā 5 (3) valdziņi uz adatas.

Noraukšana un nobeigšana tāpat kā labās rokas cimdam.

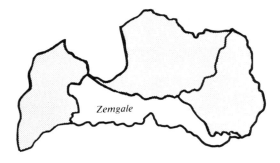

Zemgale

CHAPTER EIGHT

ASTOTĀ NODAĻA

INSTRUCTIONS FOR MITTEN FROM THE DISTRICT OF ZEMGALE

This is a lined mitten. The liner is knit first to fit the hand. The outer mitten is then knit to fit over the liner.

Size: Women's medium

Gauge: 17 stitches per 2 inches (5 cm); 17 rows per 2 inches (5 cm).

Materials: Set of 5 double pointed knitting needles, size 1 (2,50mm, 12 English) *or* size necessary to obtain the proper gauge.

One skein of wool sport weight knitting yarn (Size D) in middle green, black, and white. A partial skein of red and grey is sufficient.

All yarn should be the same size and ply within one mitten.

RIGHT HAND LINER

Cast on 60 stitches. If using the two-color technique, the border yarn is black and the stitches white (see chapter 3, Cast-on.)

Distribute the stitches evenly on four needles (15 sts per needle).

Knitting begins with the fifth needle.

Make certain there is no twist in the cast-on row. Tie in a circle (fig. 10).

Do knit 1, purl 1 ribbing for four rounds.

Round 5 of liner: Begin knitting each round (stockinette stitch). Liners are excellent projects for traveling; they use only ½ ball of yarn.

Knit up 4 inches (10 cm) of the mitten palm.

This is approximately the length to the thumb hole. When the liner is complete, the bottom should lay 1½ inches (4 cm) below the palm.

NORĀDĪJUMI ZEMGALES CIMDU (DŪRAIŅU) ADĪŠANAI

Šis dūrainis ir ar oderi. Oderi noada vispirms, pielaikojot rokai, pašu cimdu pielaiko oderei.

Lielums: vidēja lieluma sieviešu rokas dūrainis.

Izmēri: 16 valdziņi — 2 collas (5 cm); 17 kārtas — 2 collas (5 cm).

Piederumi: 5 asu galu adāmadatas; resnums 1 (2,50 mm; 12 angļu) vai izmēriem piemērotais lielums.

Vienas dzijas 1 tinums (1 šķetere) (rupjums D); krāsas: zaļš, melns un balts. Nepilna tinuma (1/2 šķeteres) sarkanas un pelēkas dzijas.

Visām dzijām jābūt vienāda rupjuma.

LABĀS ROKAS DŪRAIŅA ODERE

Uzmet 60 valdziņus. Oderes malu sāk ar melnu, valdziņus — ar baltu dziju (sk. nod. 3.: uzmešana).

Valdziņus (60) izdala vienlīdzīgi pa 4 adatām (15 valdziņi uz katras adatas).

Adīšanu sāk ar 5-to adatu.

Jāuzmanās, lai valdziņi uz adatām nebūtu sagriezušies. Četras adatas ar uzmestajiem valdziņien izveido apli (att. 10).

Ada 4 kārtas: vienu valdziņu labiski, otru valdziņu kreiliski.

Oderes 5-tā kārta: sāk adīt katru kārtu labiski. Oderes adīšana ir laba nodarbošanās pa ceļojuma laiku, paņemot līdz pus kamoliņa dzijas.

Noada 4 collas (10 cm) dūraiņa delnas daļu.

Tas ir apmēram līdz īkšķa caurumam. Kad odere ir noadīta, tās malai jābut apmēram 1,50 collas (4 cm) zem delnas locītavas.

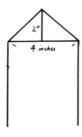

Fig. 38 *Att. 38*   Fig. 39 *Att. 39*   Fig. 40 *Att. 40*

Thumb Hole for Right Liner

Work across 1 needle. Knit 2 stitches on the beginning of the second needle.

Knit 12 stitches and put these onto a thread to hold until time to knit the thumb.

Knit the remaining stitch onto the needle. There are only 3 stitches on the finished needle.

Knit around to the tied off stitches.

Cast on 12 stitches. This is generally a single thread cast-on. The yarn is laid around the thumb of the left hand. The needle is inserted to form a half-hitch on the needle (fig. 38).

Continue to knit up and around approximately 4 inches (10 cm).

Check the liner length with the intended wearer. The liner may be shortened or lengthened at this point. Decreasing for the top adds a length approximately ½ the width. (fig. 39). The length of the palm should measure approximately the length to the first knuckle of the middle finger from the bottom of the thumb (fig. 40).

Top Decreases for the Liner

Knit across **each** needle except the last 2 stitches. Knit 2 tog. One stitch is decreased per needle, four stitches each round.

When there are only four stitches remaining, cut the yarn about 6 inches (15 cm) from the knitting. Thread a needle and pass it through the stitches. Pass it through a second time. Pull the stitches together.

Pass the yarn to the inside and tug. Sew through the back of the stitches for a distance of 2 or 3 inches (5-7 cm) to secure.

Knitting Thumb of Liner

Transfer the 12 stitches from the thread at the bottom of the thumb hole onto a knitting needle.

With another needle, pick up 12 stitches from the cast-on edge.

Pick-up 2 extra stitches on each side of the thumb (twist to avoid holes). These allow some fullness for movement (28 sts).

Īkšķa caurums labās rokas dūraiņa oderei

Izada pirmo adatu.

Izada 2 valdziņus uz otras adatas.

Izada 12 valdziņus un uzņem tos uz pavediena (diega); tie tur paliek līdz tam laikam, kad jāada īkšķis.

Izada palikušo valdziņu. Uz adatas paliek tikai 3 valdziņi.

Ada apkārt valdziņiem, kas uzņemti uz pavediena.

Uzmet 12 valdziņus. Uzmetumu izdara vienas dzijas metumā. Dziju apmet kreisās rokas īkšķim. Adāmadata ir iedurta, lai uz tās uzņemtu valdziņu (att. 38).

Ada uz priekšu apmēram 4 collas (10 cm).

Pārbauda oderes gaŗumu ar tā valkātāja roku. Oderi te var paīsināt vai pagarināt. Gala noraukšanas gaŗums ir apmēram puse no cimda platuma (att. 39). Plaukstas gaŗumu mērī apmēram no īkšķa pirmās locītavas līdz vīdējā pirksta pirmajai locītavai (att. 40).

Oderes noraukšana

Izada katru adatu, izņemot 2 valdziņus, šos 2 valdziņus saada kopā. No katras adatas norauc 1 valdziņu; katrā kārtā 4 valdziņi.

Kad palikuši tikai 4 valdziņi, dziju nogriež (apm. 6 collu (15 cm) gaŗumā). Dziju ieveŗ adatā un izvelk valdziņiem cauri divi reizes. Valdziņus saņem kopā; nesavelk.

Dziju ievelk cimda kreisajā pusē un tur atšuj valdziņu iekšpusē 2-3 collu (5-7 cm) gaŗumā, lai nostiprinātu. Nogriež.

Oderes īkšķa adīšana

Pārceļ 12 pavedienam uzvērtos valdziņus uz adāmadatas.

Ar citu adāmadatu uzņem 12 īkšķa cauruma mugurpuses valdziņus.

No abiem īkšķa sāniem uzņem divus adījuma pārstaipus. Šos pāstaipus apgriež apkārt, lai nerastos caurumi īkšķa sānos.

48

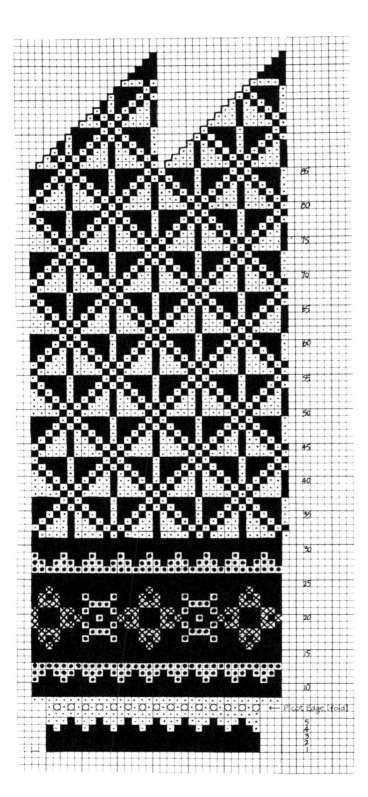

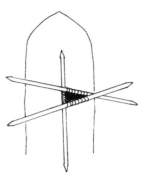

Fig. 41 *Att. 41*

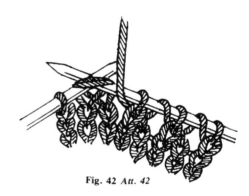

Fig. 42 *Att. 42*

Graph / Zīmējums 8
Zemgale mitten / Zemgales dūrainis
☒ *red / sarkans*
⊡ *medium green / zaļš*
◉ *grey / pelēks*
■ *black / melns*

Beginning at the lower right edge of the thumb, distribute the stitches evenly on 3 needles. (9 or 10 sts per needle — fig. 41). Let the end of the yarn hang. It will be sewn in later where a reinforcement is needed.

Begin at the front and right of the thumb. Knit 1 round.

In each of the next two rounds, knit 2 tog. at the sides of the thumb to eliminate extra fullness (24 sts).

Knit the required length of the thumb. The thumb seems to function better if decreasing starts at the exact thumb length. This allows freedom of movement.

Decrease by the same knit 2 together with the last 2 stitches of each needle, as in the palm.

Secure by threading the yarn through the last stitch on each needle two times as on the palm, and sew through the back of the stitches for an inch or two (3-5 cm).

Untie the knot in the cast-on row and sew these ends through the back of the stitches to secure.

RIGHT HAND OUTER MITTEN

The graph begins with the first row knit up from the liner.

Hem

With black, pick-up and knit 60 stitches from the cast-on edge of the liner.

Knit three rounds in black.

Begin the color changes in **round 4.** Knit 1 green, knit 3 black. Repeat for the round.

Follow the graph until round 7.

Picot edge — Turn of the hem.

Round 7: Yarn over (YO), knit 2 tog. Repeat for the round. YO brings the yarn from the back to the front, under and over the needle to return to the back (fig. 42).

Round 8: Knit in green. Increase 10 stitches evenly spaced in this round (70 sts).

Cuff Pattern

Pattern is a multiple of 14 stitches.

The cuff is the only part of the mitten which has more than 2 colors in a round. These yarns are carried over long distances. It is unnecessary to secure them on the back because the lining protects them from snags. The floats will, however, draw in the cuff if they are not kept slack. Stretch your knitting after each needle to prevent shrinking.

Increase 2 stitches in the last row of the cuff (72 sts total).

Palm

The pattern is a multiple of 12. The palm has only two colors so can easily be knit with the two hand/two color method described in chapter 3, Two Color Knitting.

Work up 1½ patterns (round 50).

Turn liner inside out. Pull mitten up over the liner and try on to find the proper thumb position. Knitting may be done around the liner. It is then easier to judge the length.

Tas dod īkšķim lielāku kustības brīvību (28 valdziņi). No īkšķa cauruma labās puses sāk valdziņus vienlīdzīgi izdalīt pa 3 adāmadatām (9-10 valdziņi uz adatas; att. 41).

Dzijas galus atstāj karājamies. Vēlāk — piešuj un nostiprina.

Sāk adīt īkšķi priekšā no īkšķa labās puses uz kreiso. Noada vienu kārtu.

Divās nākošās kārtās saada kopā 2 valdziņus katrā īkšķa sānā, tas samazina īkšķa platumu.

Noada īkšķi vajadzīgā garumā. Īkšķis ir ērtāks, ja noraukšanu iesāk pareizā vietā, tas ir, kad adījums sniedzas līdz pusei īkšķa nagam.

Norauc, saadot katras adatas 2 beidzamos valdziņus kopā tāpat, kā plaukstu norauceot.

Izvelk dziju cauri pēdējam valdziņam divi reizes tāpat kā plaukstai; ievelk kreisajā pusē un piešuj 1-2 collu (5 cm) garumā.

Atsien malas mezglu, kas, cimdu sākot, aizmests, un galus piešuj kreisajā pusē, tos nostiprinot.

LABĀS ROKAS CIMDS

Zīmējumā adīšana sākas ar pirmo oderes kārtu. Katru zīmējumu lasa no labās uz kreiso pusi, no apakšas uz augšu. (Sk. nod. 3.: zīmējuma lietošanas veids).

Malas (apmales) adīšana.

Ada ar melnu dziju; uzņem un ada 60 valdziņus no oderes uzmestās malas.

Ada 3 kārtas ar melnu dziju.

4. kārtā sāk lietot krāsas: izada 1 zaļu, 3 melnas labiskus valdziņus. To atkārto pa visu kārtu.

Seko zīmējumam līdz 7. kārtai.

Robiņi

7. kārta: dziju pārmet adatai, 2 valdziņus saada kopā. To atkārto pa visu kārtu. Dziju pārmetot, dzija no mugurpuses pārceļas priekšpusē zem adatas, pāri tai un atgriežas mugurpusē (att. 42).

8. kārta: ada ar zaļu dziju. Palielina, uzņemot 10 valdziņus un vienlīdzīgi izdalot pa visu kārtu (70 valdziņi).

Valnītis

Katrā valnīša raksta elementā ir 14 valdziņi.

Valnītis ir vienīgā cimda daļa, kuras kārtās lieto vairāk par 2 krāsām. Šīm dzijām ir gari pārstaipi. Kreisajā pusē pārstaipus nevajag nostiprināt; odere nosedz pārstaipus.

Vaļīgi pārstaipi gan savelk valnīti, lai tas nenotiktu, adījums pēc katras izadītās adatas jāpastiepj, lai tas kļūtu vaļīgāks.

Uzņem 2 valdziņus valnīša pēdējā kārtā (72 valdziņi).

Thumb Hole

Knit across 2 needles.

Knit 1 stitch from the third needle.

Knit 15 stitches. Put these onto a thread to hold until it is time to knit the thumb.

Knit the remaining 2 stitches from the needle. There are 3 stitches on the finished needle.

Knit around to the tied off stitches.

Cast on 15 stitches in the pattern for that round.

Continue to knit up and around the liner until the proper length to decrease for the top.

When the mitten is tried on, the thumb hole aligns with the liner thumb. Decreasing for the top begins 2 or 3 rounds after the liner decreasing began.

Measure with a hand inside the liner. Let the mitten relax or an uncomfortable fold forms in the liner. Pulling may force the picot edge onto the surface to appear as holes instead of pointed edging.

Top Decreases

Decrease as in the liner. Knit 2 together at the end of each needle on each round. The pattern fragments in the decreases but keeps the same relation to the previous row.

When 5 stitches remain per needle (20 sts total), cut and sew the green yarn behind the work. Knit with black. Continue the knit 2 tog. decrease on the last two stitches of each needle until one stitch remains per needle (4 sts total).

Cut the yarn 6 inches (15 cm) away from the work.

Sew the yarn through the remaining stitch on each needle for two rounds, as was done with the liner. Pull together. The inside of the knitting is inaccessible. Therefore, sew this yarn back and forth through the black stitches to secure.

Cut the thread.

Thumb

Transfer the 15 stitches from the thread at the bottom of the thumb onto a needle.

With another needle, pick-up 15 stitches from the cast-on edge.

Pick-up two extra stitches on each side of the thumb to allow fullness for movement (twist these to avoid holes — 34 sts).

Beginning at the lower right edge of the thumb, distribute the stitches evenly on 3 needles (again see fig. 41).

Begin at the front right side of the thumb and knit 1 round **in pattern.** The ends of the 2 yarns joined are left on the outside. They are secured later.

Continue the pattern around the thumb. There is the sense of a seam when the pattern returns to the beginning edge. The back of the thumb does not align with the palm rows.

Delna

Katrā raksta elementā ir 12 valdziņi.

Delnai lieto tikai divas krāsas, tā ka ir viegli adīt, lietojot ,,divu krāsu adīšanas veidu'' (sk. 3. nod.).

Izada 1-1/2 raksta elementu (50. kārta).

Oderi apgriež uz kreiso pusi. Cimdu pārvelk pāri oderei un atrod īkšķa vietu. Ada apkārt oderei, tā vieglāk noteikt cimda garumu.

Īkšķa caurums

Izada 2 adatas rakstā.

Izada 1 valdziņu trešās adatas sākumā.

Izada 15 valdziņus; uzņem valdziņus uz pavediena (diega) un atstāj tos, kamēr pienāk laiks adīt īkšķi.

Izada uz adatas palikušos 2 valdziņus. Uz adatas paliek 3 valdziņi.

Ada apkārt valdziņiem, kas uzņemti uz pavediena.

Uzmet 15 valdziņus rakstā.

Ada garumā un apkārt oderei, kamēr sasniegts vajadzīgais garums gala noraukšanai.

Kad cimdu uzlaiko, īkšķa caurumam jāsakrīt ar oderes īkšķa caurumu. Cimda gala noraukšana sākas pēc 2. vai 3. kārtas, salīdzinot ar oderes noraukšanas sākumu. Pielaiko oderēto cimdu uz rokas. Jāievēro, lai cimds pieguļētu rokai ērti, lai oderē nebūtu kāda vīle. Uzvelkot jāskatās, lai adījuma kārtu salaidumu vietu neizstieptu un lai salaidumu vietā nerastos caurumi.

Noraukšana

Norauc tāpat kā oderi. Katras adatas beigās saada 2 valdziņus kopā, to dara ar katru kārtu. Raksta atsevišķie elementi samazinās, bet saskan ar rakstu iepriekšējā kārtā.

Kad uz adatas paliek 5 valdziņi (pavisam 20 valdziņi), zaļo dziju nogriež un piešuj kreisajā pusē. Ada ar melno dziju. Saada 2 valdziņus kopā, to turpina ar katru adatu, kamēr uz katras adatas paliek 1 valdziņš (pavisam 4 valdziņi).

Dziju nogriež apmēram 6 collas (15 cm) no adīkļa.

Dziju izvelk cauri palikušajiem valdziņiem tāpat, kā tas darīts, noraucot oderi. Valdziņus savelk kopā. Oderes iekšpusei nevar tikt klāt.

Dzijas galus piešuj un nostiprina, velkot tos turp un atpakaļ cauri melnās dzijas valdziņiem.

Palikušos dzijas galiņus nogriež.

Īkšķis

No īkšķa cauruma pārceļ uz adatas tos 15 valdziņus, kas uzlastīti uz pavediena.

Ar otru adatu uzņem 15 uzmestos valdziņus īkšķa aizmugurē.

No abiem īkšķa sāniem uzņem divus adījuma pārstaipus. Šos pārstaipus apgriež apkārt un izada, lai nerastos caurumi īkšķa sānos (34 valdziņi).

Knit 2 together at the sides of the thumb in the second and third rounds to eliminate the extra fullness (30 sts).

Knit the length required for the thumb in pattern. Decreasing is begun when the mitten fits over the liner without stretching. A wrinkle in the thumb liner is very bulky and uncomfortable so be careful **not** to stretch the thumb over the liner.

When three stitches remain per needle (9 sts total), cut and sew in the green yarn. Continue with the black as in the palm, and finish off in the same manner.

The yarns at the beginning of the thumb are now sewn in. They may be used to eliminate any holes at the thumb sides.

Push the liner thumb inside the liner. Push the liner inside the mitten and fit the liner thumb into the mitten thumb. Wiggle to fit. Straighten the picot edging

Finishing

Lay mitten flat to press.

Be careful to keep the beginning line exactly at the side crease where it is least noticeable. It has a tendency to twist while working.

Lay a damp cloth over and steam.

LEFT HAND MITTEN

Use the first mitten as your guide when making the second.

Knitting begins with the palm section and proceeds around to the graph section.

The two mittens mirror one another, as do the hands we hope they fit.

Left Hand Thumb Openings

The location of the thumb is reversed on both the liner and the mitten.

The line for the pattern join lies on the side opposite the thumb.

The following are reverses of the instructions on thumbs for the right hand mitten.

In the LINER, knit across 2 needles before the thumb opening.

On the third needle, knit 1 stitch, knit and put on a thread 12 stitches.

Knit 2 stitches (3 sts on the finished needle).

Knit around to the tied off stitches and cast on 12 stitches.

For the OUTER MITTEN, knit one needle.

On the second needle, knit 2 stitches. Knit and put on a thread 15 stitches.

Knit 1 stitch.

Knit around the mitten and cast on 15 stitches. Keep the pattern of the round.

Knit the thumb as on the right hand mitten.

Finish as the other mitten.

Sāk adīt no īkšķa cauruma labās puses; valdziņus izdala vienlīdzīgi pa 3 adatām (att. 41).

Sāk no labās puses īkšķa priekšpusē un ada vienu kārtu rakstā. Abu dziju gali atstājami ārpusē; tos vēlāk nostiprina.

Ada īkšķim apkārt rakstā. Īkšķa mugurpuse nesakrīt ar plaukstas kārtām.

Otrā un trešā kārtā saada 2 valdziņus katrā īkšķa sānā kopā, lai samazinātu īkšķa lielumu (30 valdziņi).

Ada rakstā īkšķim paredzētā gaŗumā. Noraukšana sākas, kad cimds bez stiepšanas pieguļ oderei. Jāskatās, lai odere negrumbotos, tādēļ cimda īkšķis nav jāpārstiepj oderei; grumbaina odere — neērts īkšķis.

Kad uz katras adatas paliek 3 valdziņi (pavisam 9 valdziņi), zaļo dziju nogriež un piešuj. Ada ar melnu dziju tāpat, kā tas darīts ar plaukstu.

Dziju piešuj īkšķa sākuma daļā; piešujot var novērst caurumiņus, ja tādi būtu radušies.

Oderes īkšķi ievelk cimda īkšķī. Visu oderi ievelk cimda iekšpusē, skatās, lai labi pieguļ. Pielaikojot roku kustina.

Cimda nobeigšana

Cimdu noliek plakaniski gludināšanai.

Ievēro, lai adījuma kārtu salaiduma vieta atrastos tieši cimda sānos, tur tā vismazāk duŗas acīs.

Uzliek mitru drānu; tvaiko.

KREISĀS ROKAS CIMDS

Labās rokas noadīto cimdu lieto kreisajam cimdam par paraugu.

Adīšana iesākas ar plaukstas daļu, un kārtas turpinās pēc zīmējuma.

Abi cimdi līdzinās viens otram tāpat kā roka rokai.

Kreisās rokas īkšķa caurums

Īkšķa vieta kā oderei, tā pašam cimdam, ir pretējā pusē labās rokas īkšķim. Raksta savienojamā vieta ir pretējā pusē īkšķim.

Īkšķa adīšanas norādījumi ir tie paši, kas labajai rokai tikai pretējā pusē.

Izada ODERĒ divas adatas īkšķa cauruma priekšpusē.

Uz 3. adatas izada vienu labisku valdziņu; ada un uzņem uz pavediena 12 valdziņus.

Izada 2 valdziņus; uz nobeiguma adatas paliek 3 valdziņi.

Ada apkārt uz pavediena uzņemtajiem valdziņiem un uzmet 12 valdziņus.

CIMDA īkšķa caurumam izada vienu adatu.

Uz otras adatas izada 2 labiskus valdziņus. Ada un uzņem uz pavediena 15 valdziņus.

Izada vienu valdziņu.

Izada vienu kārtu un uzmet 15 valdziņus. Kārtas ada rakstā.

Īkšķi ada tāpat kā labas rokas īkšķi.

Nobeidz tāpat kā primo cimdu.

CHAPTER NINE
PATTERN GRAPHS

DEVĪTĀ NODAĻA
RAKSTA ZĪMĒJUMI

Graphs 1-3 appear on page 1.
Graphs 4-8 appear in Chapters 4-8.

Zīmējumi no 1-3 ir 1. lapas pusē.
Zīmējumi no 4-8 ir norādījumos no 4-8.

9   Kurzeme (Plate 11e)
☐   white / balts
✕   red / sarkans
●   green / zaļš
■   brown / brūns
·   yellow / dzeltēns
╱   gold / zelta krāsa
U   purl stitch / kreiliski valdziņš

11   Kurzeme, Alsunga (Plate 1b)
☐   white / balts
·   yellow / dzeltens
╱   green / zaļš
●   grey / pelēks
✕   red / sarkans
■   black / melns

10   Kurzeme, Alsunga (Plate 1a)
☐   tan / smilšu krāsa
·   green / zaļš
✕   red / sarkans
■   brown / brūns

12   Kurzeme, Bārta
☐   white / balts
✕   red / sarkans
·   pink / sārts
●   green / zaļš
■   blue / zils

14   Vidzeme
☐   grey / pelēks
●   yellow / dzeltens

15   Vidzeme
☐   white / balts
●   green / zaļš
■   black / melns

13   Vidzeme, Vecgulbene

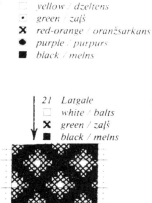

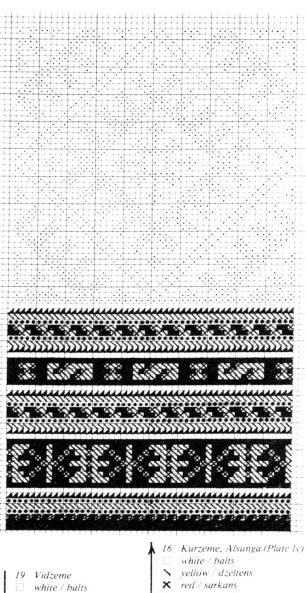

17 *Kurzeme (Plate 1d)*
□ *light yellow / gaiši dzeltens*
· *gold / zelta krāsa*
✕ *violet / violets, mēļš*
◕ *dark green / tumši zaļš*
▩ *black / melns*

18 *Kurzeme, Ventspils (Plate 1e)*
□ *white / balts*
· *brown / brūns*
▪ *black / melns*

16 *Kurzeme, Alsunga (Plate 1c)*
□ *white / balts*
╲ *yellow / dzeltens*
✕ *red / sarkans*
◢ *rust / rūsas krāsa*
· *light brown / gaiši bruns*
◕ *dark green / tumši zaļš*
▪ *dark brown / tumši brūns*

22 *Kurzeme, Nīca (Plate 1f)*
□ *yellow / dzeltens*
· *green / zaļš*
✕ *red-orange / oranžsarkans*
◕ *purple / purpurs*
▪ *black / melns*

19 *Vidzeme*
□ *white / balts*
· *light blue / gaiši zils*
✕ *green / zaļš*
◢ *violet / violets, mēļš*
◕ *dark turquoise / tumši zilzaļš*
▪ *dark blue / tumši zils, mēļš*

20 *Kurzeme*
□ *grey / pelēks*
U *purl stitch / kreilisks valdziņš*
· *olive green / dzelteņigi zaļš*
✕ *red / sarkans*
◕ *maroon / sarkani brūns*

21 *Latgale*
□ *white / balts*
✕ *green / zaļš*
▪ *black / melns*

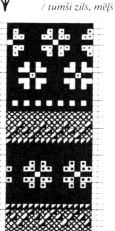

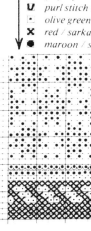

54

23 District unknown
    / apgabals nezinām
    (Plate 2a)
□ white / balts
⊡ grey / pelēks
✖ red / sarkans
■ black / melns

24 Latgale, Galēna (Plate 2b)
□ blue / zils
⊡ green / zaļš
✖ red / sarkans
■ black / melns
Not all rows show in the braid pattern

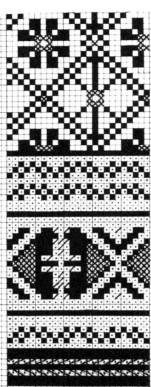

25 Kurzeme (Plate 2c)
□ white / balts
⊡ gold / zelta krāsa
▨ yellow / dzeltens
✖ red / sarkans
■ navy blue / tumši zils,
   mēļš

26 Kurzeme (Plate 2d)
□ medium blue / rudzpuķu z
✖ purple / purpurs
■ black / melns

27 Kurzeme, Alsunga (Plate 2e)
□ light green / gaiši zaļš
⊡ dark green / tumši zaļš
■ black / melns

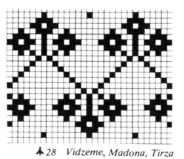

↟28 Vidzeme, Madona, Tirza

↡29 Vidzeme, Madona, Tirza

30 Zemgale, Pēternieki, Jelgava
   (Plate 2f)
□ white / balts
⊡ blue / zils
⬤ green / zaļš
✖ red / sarkans
■ black / melns

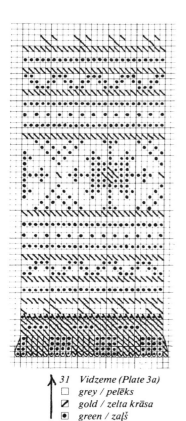

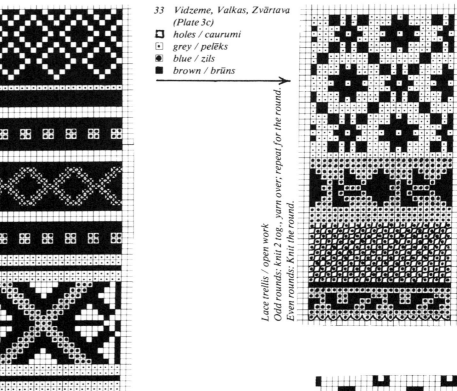

33 Vidzeme, Valkas, Zvārtava
(Plate 3c)
▣ holes / caurumi
⊡ grey / pelēks
◉ blue / zils
■ brown / brūns

Lace trellis / open work
Odd rounds: knit 2 tog., yarn over; repeat for the round.
Even rounds: Knit the round.

31 Vidzeme (Plate 3a)
☐ grey / pelēks
◪ gold / zelta krāsa
◉ green / zaļš

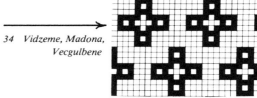

34 Vidzeme, Madona,
Vecgulbene

35 Kurzeme, Nīca (Plate 3d)
☐ green / zaļš
⊡ blue / zils
✖ bright pink / spilgti sārts
■ black / melns

32 Vidzeme (Plate 3b)
☐ yellow / dzeltens
⊡ grey / pelēks
✖ red / sarkans
◉ green / zaļš
■ black / melns

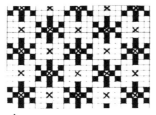

36 Vidzeme, Madona, Tirza

37 Kurzeme
U purl stitch / kreilisks valdziņš
⋅ gold / zelta krāsa
● rust / rūsas krāsa
■ dark brown / tumši brūns

39 Kurzeme (Plate 3f)
☐ yellow / dzeltens
⊡ light green / gaiši zaļš
✖ red / sarkans
⬤ dark green / tumši zaļš
■ black / melns

40 Kurzeme, Alsunga
☐ white / balts
⊡ yellow / dzeltens
✖ red / sarkans
◢ green / zaļš
⬤ medium brown / brūns
■ dark brown / tumši brūns

42 Kurzeme
⊡ brown / brūns
✖ blue / zils
■ black / melns

38 Kurzeme, Nīca (Plate 3e)
☐ white / balts
⊡ pink / sārts
✖ orange / oranžs
◢ green / zaļš
⬤ maroon / sarkani brūns
■ blue / zils

41 Latgale, Rēzekne, Varakļāna

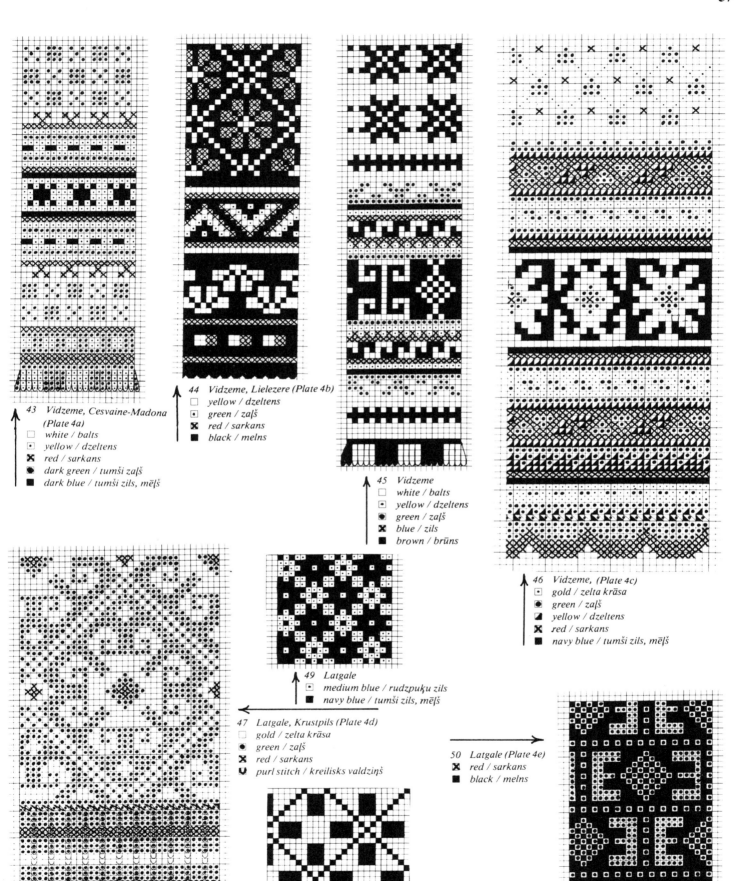

57

43 *Vidzeme, Cesvaine-Madona*
    (Plate 4a)
□ *white / balts*
· *yellow / dzeltens*
✗ *red / sarkans*
● *dark green / tumši zaļš*
■ *dark blue / tumši zils, mēļš*

44 *Vidzeme, Lielezere (Plate 4b)*
□ *yellow / dzeltens*
· *green / zaļš*
✗ *red / sarkans*
■ *black / melns*

45 *Vidzeme*
□ *white / balts*
· *yellow / dzeltens*
● *green / zaļš*
✗ *blue / zils*
■ *brown / brūns*

46 *Vidzeme, (Plate 4c)*
· *gold / zelta krāsa*
● *green / zaļš*
◢ *yellow / dzeltens*
✗ *red / sarkans*
■ *navy blue / tumši zils, mēļš*

49 *Latgale*
· *medium blue / rudzpuķu zils*
■ *navy blue / tumši zils, mēļš*

47 *Latgale, Krustpils (Plate 4d)*
□ *gold / zelta krāsa*
● *green / zaļš*
✗ *red / sarkans*
ᴜ *purl stitch / kreilisks valdziņš*

50 *Latgale (Plate 4e)*
✗ *red / sarkans*
■ *black / melns*

48 *Vidzeme, Madona, Tirza*

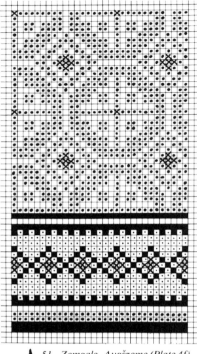

52 Zemgale, Augšzeme
☐ tan / smilšu krāsa
⊡ rust / rūsas krāsa
✖ "peach" / dzelteņīgi oranžs
■ brown / brūns

51 Zemgale, Augšzeme (Plate 4f)
☐ yellow / dzeltens
⊡ light green / gaiši zaļš
✖ rust / rūsas krāsa
◉ dark green / tumši zaļš
■ black / melns

54 Kurzeme
☐ gold / zelta krāsa
◉ green / zaļš
✖ red / sarkans
■ black / melns

53 District unknown / apgabals nezināms
☐ white / balts
■ black / melns

56 Kurzeme, Rucava
☐ yellow / dzeltens
◉ red / sarkans
■ black / melns

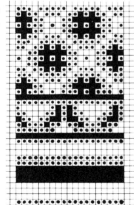

55 Kurzeme
☐ creamy white / krējumkrāsa
⊡ yellow / dzeltens
✖ green / zaļš
◉ brown / brūns
■ maroon / sarkani brūns

1a Kurzeme district, Alsvangas township;
collection of Anna Mizena (Graph 10)

1b Kurzeme, Alsvangas; collection of
Mirdza Strausa (Graph 11)

1c Kurzeme, Alsvangas; collection of
Mirdza Strausa (Graph 16)

1d Kurzeme; collection of
Mirdza Strausa (Graph 17)

1e Kurzeme, Ventspils; collection of
Mirdza Strausa (Graph 18)

1f Kurzeme, Nicas; collection of
Mirdza Strausa (Graph 22)

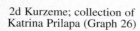

2a Latgale, Varaklanu; collection of
Anna Mizena (Graph 23)

2b Latgale, Galenu; collection of
Anna Mizena (Graph 24)

2c Kurzeme; collection of
Mirdza Strausa (Graph 25)

2f Zemgale, Peternieku, Jelgavas; collection of
Mirdza Strausa (Graph 30)

2d Kurzeme; collection of
Katrina Prilapa (Graph 26)

2e Kurzeme, Alsvanga; collection of
Anna Mizena (Graph 27)

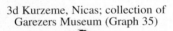

3a Vidzeme; collection of
Garezers Museum (Graph 31)

3b Vidzeme; collection of
Garezers Museum (Graph 32)

3c Vidzeme, Zvartavas; collection of
Garezers Museum (Graph 33)

3d Kurzeme, Nicas; collection of
Garezers Museum (Graph 35)

3e Kurzeme, Nicas; collection of
Garezers Museum (Graph 38)

3f Kurzeme; collection of
Garezers Museum (Graph 39)

4a Vidzeme, Cesvaines-Madonas; collection of
Mirdza Strausa (Graph 43)

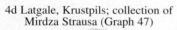

4b Vidzeme, Lielezers; collection of
Mirdza Strausa (Graph 44)

4c Vidzeme, Nauksenu; collection of
Anna Mizena (Graph 46)

4d Latgale, Krustpils; collection of
Mirdza Strausa (Graph 47)

4e Latgale; collection of
Mirdza Strausa (Graph 50)

4f Zemgale, Augszemes; collection of
Mirdza Strausa (Graph 51)

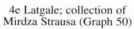

5a Latgale, Rudzatu; collection of
Garezers Museum (Graph 57)

5b Latgale, Rezeknes; collection of
Garezers Museum (Graph 58)

5c Latgale, Varkavas; collection of
Garezers Museum (Graph 61)

5d Latgale, Krustpils; collection of
Garezers Museum (Graph 63)

5e Latgale, Rezeknes; collection of
Garezers Museum (Graph 60)

5f Latgale; collection of
Garezers Museum (Graph 64)

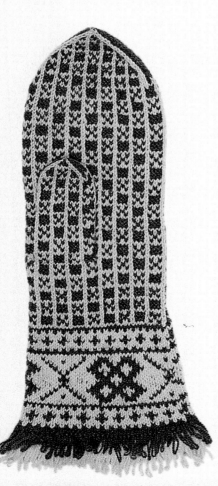

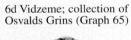

6b Zemgale, Augszemes, Slates; collection of
Osvalds Grins (Graph 66)

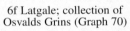

6a Kurzeme, Alsvangas; collection of
Osvalds Grins (Graph 68)

6e Latgale; collection of
Osvalds Grins (Graph 69)

6c Vidzeme, Cesvaines; collection of
Osvalds Grins (Graph 67)

6d Vidzeme; collection of
Osvalds Grins (Graph 65)

6f Latgale; collection of
Osvalds Grins (Graph 70)

7a Zemgale, Krustpils; collection of
Anna Mizena (Graph 71)

7b Kurzeme, Alsvangas; collection of
Marija Schmidt (Graph 72)

7c Kurzeme; collection of
Katrina Prilapa (Graph 73)

7d Kurzeme, Nicas; collection of
Mirdza Strausa (Graph 77)

7e Vidzeme; collection of
Mirdza Strausa (Graph 78)

7f Vidzeme; collection of
Anna Smita (Graph 79)

8b Zemgale; collection of
Osvalds Grins (Graph 86)

8c Zemgale; collection of
Osvalds Grins (Graph 84)

8a Vidzeme, Taurupes; collection of
Osvalds Grins (Graph 83)

8e Zemgale, Augszemes, Bebrenes; collection
of Osvalds Grins (Graph 89)

8c Zemgale; collection of
Osvalds Grins (Graph 84)

8d Zemgale, Augszemes. Bebrenes; collection
of Osvalds Grins (Graph 88)

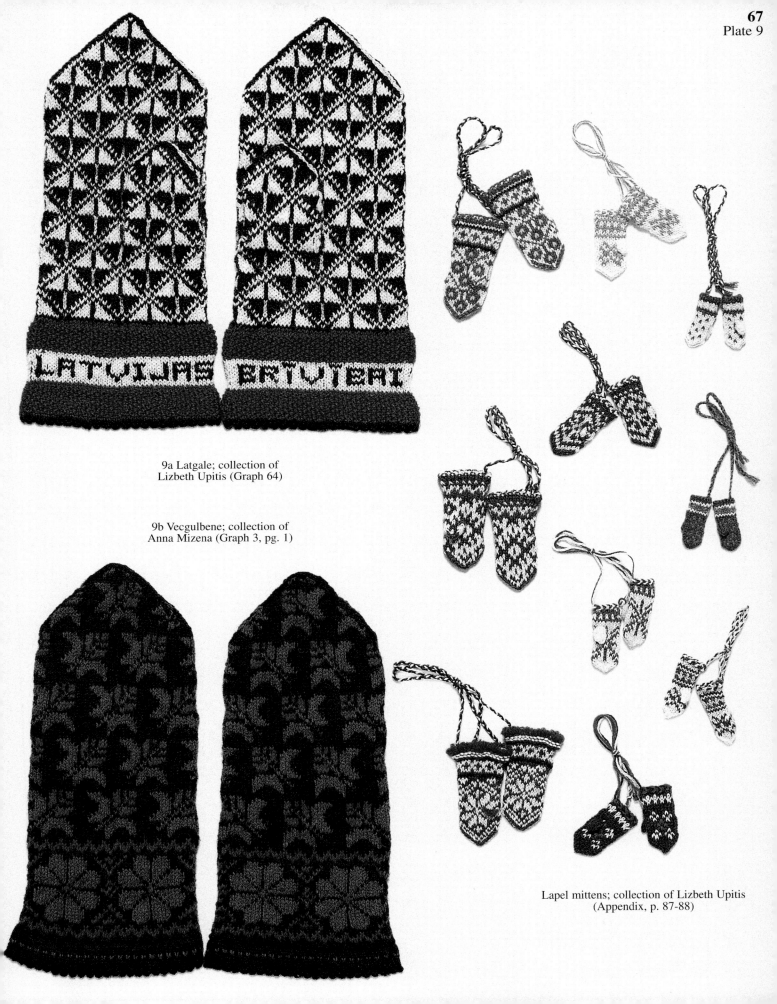

9a Latgale; collection of
Lizbeth Upitis (Graph 64)

9b Vecgulbene; collection of
Anna Mizena (Graph 3, pg. 1)

Lapel mittens; collection of Lizbeth Upitis
(Appendix, p. 87-88)

10a Kurzeme, Rucavas; collection of
Lizbeth Upitis (Graph 104)

10b Kurzeme; collection of
Anna Mizena (Graph 105)

10c Stained Glass; original by
Lizbeth Upitis (Graph 106)

10d Kurzeme, Susejas; collection of
Valda Liepina (Graph 107)

10e Kurzeme, Alsungas; collection of
Valda Liepina (Graph 108)

10f Kurzeme, Liepajas; collection of
Valda Liepina (Graph 109)

11a Vidzeme; collection of
Lizbeth Upitis (Graph 19)

11b Kurzeme; collection of
Lizbeth Upitis (Graph 96)

11e Vidzeme; collection of
Lizbeth Upitis (Graph 9)

11c Vidzeme, Madona, Vecgulbene; collection
of Lizbeth Upitis (Graph 62)

11d Kurzeme, Alsunga; collection of
Lizbeth Upitis (Graph 93)

11f Kurzeme, Rendas, Kuldigas; collection of
Lizbeth Upitis (Graph 75)

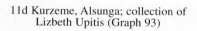

12b Kurzeme; collection of
Lizbeth Upitis (Graph 111)

12a Kurzeme; collection of
Anna Mizena (Graph 110)

12c Kurzeme, Grobinas; collection of
Anna Mizena (Graph 115)

12e Kurzeme; collection of
Anna Mizena (Graph 113)

12f Vidzeme; collection of
Lizbeth Upitis (Graph 114)

12d Vidzeme; collection of
Lizbeth Upitis (Graph 112)

13a Kurzeme, Barta; collection of
Anna Mizena (Graph 116)

13b Kurzeme, Barta; collection of
Anna Mizena (Graph 117)

13c Kurzeme; collection of
Anna Mizena (Graph 122)

13d Vidzeme; collection of
Anna Mizena (Graph 123)

13e District unknown; collection of
Anna Mizena (Graph 53)

13f Vidzeme; collection of
Anna Mizena (Graph 118)

14a Kurzeme, Liepaja; collection of
Lizbeth Upitis (Graph 94)

14b Vidzeme, Nabe; collection of
Lizbeth Upitis (Graph 97)

14c Vidzeme; collection of
Lizbeth Upitis (Graph 15)

14d Vidzeme, Cesvaine; collection of
Lizbeth Upitis (Graph 76)

14e Vidzeme, Madona, Vecgulbene; collection
of Lizbeth Upitis (Graph 102)

14f Vidzeme; collection of
Lizbeth Upitis (Graph 87)

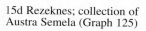

15a Ventspils, Ugales; collection of
Lizbeth Upitis (Graph 119)

15b Kurzeme; collection of
Anna Mizena (Graph 120)

15c Kurzeme; collection of
Lizbeth Upitis (Graph 126)

15d Rezeknes; collection of
Austra Semela (Graph 125)

15e Kurzeme; collection of
Anna Mizena (Graph 121)

15f Kurzeme; collection of
Lizbeth Upitis (Graph 124)

16a Kurzeme; collection of
Lizbeth Upitis (Instructions p. 28)

16b Latgale; collection of
Lizbeth Upitis (Sampler instructions p. 22)

16c Zemgale; collection of
Lizbeth Upitis (Instructions p. 46)

16d Latgale; collection of
Lizbeth Upitis (Instructions p. 34)

16e Kurzeme, Alsunga; collection of
Lizbeth Upitis (Graph 40)

16f Vidzeme; collection of
Lizbeth Upitis (Instructions p. 40)

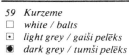

59 *Kurzeme*
- ☐ *white / balts*
- ⊡ *light grey / gaiši pelēks*
- ◉ *dark grey / tumši pelēks*
- ⊠ *red / sarkans*
- ⊍ *purl stitch / kreilisks valdziņš*

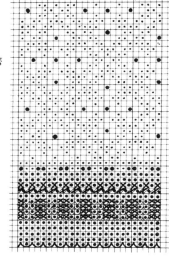

58 *Latgale, Rēzēkne (Plate 5b)*
- ⊡ *grey / pelēks*
- ■ *brown / brūns*

57 *Latgale, Rudzāta (Plate 5a)*
- ⊍ *purl stitch / kreilisks valdziņš*
- ⊡ *pink / sārts*
- ⊠ *red / sarkans*
- ■ *navy blue / tumši zils, mēļš*

62 *Vidzeme, Madona, Vecgulbene*

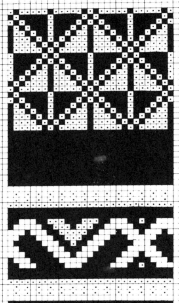

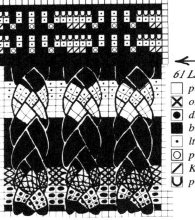

61 *Latgale. Vārkava (Plate 5c)*
- ☐ *pink / sārts*
- ⊠ *orange / oranž*
- ◉ *dk. turquoise / tumši zilizaļš*
- ■ *black / melns*
- · *lt. blue / gaiši zils*
- ○ *pick up, twist & knit*
- ╱ *K2tog / saaditi 2 v.*
- ⊍ *purl-blue / kreiliski-zils*

64 *Latgale (Plate 5f)*
- ☐ *blue / zils*
- ⊡ *yellow / dzeltens*
- ■ *brown / brūns*

60 *Latgale, Rēzēkne (Plate 5e)*
- ☐ *orange / oranžs*
- ⊠ *bright pink / spilgti sārts*
- ⊡ *blue / zils*
- ◉ *green / zaļš*
- ■ *black / melns*

63 *Latgale, Krustpils (Plate 5d)*
- ☐ *white / balts*
- ■ *blue / zils*
- ⊍ *blue, purl stitch / zils, kreilisks valdziņš*

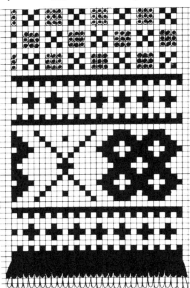

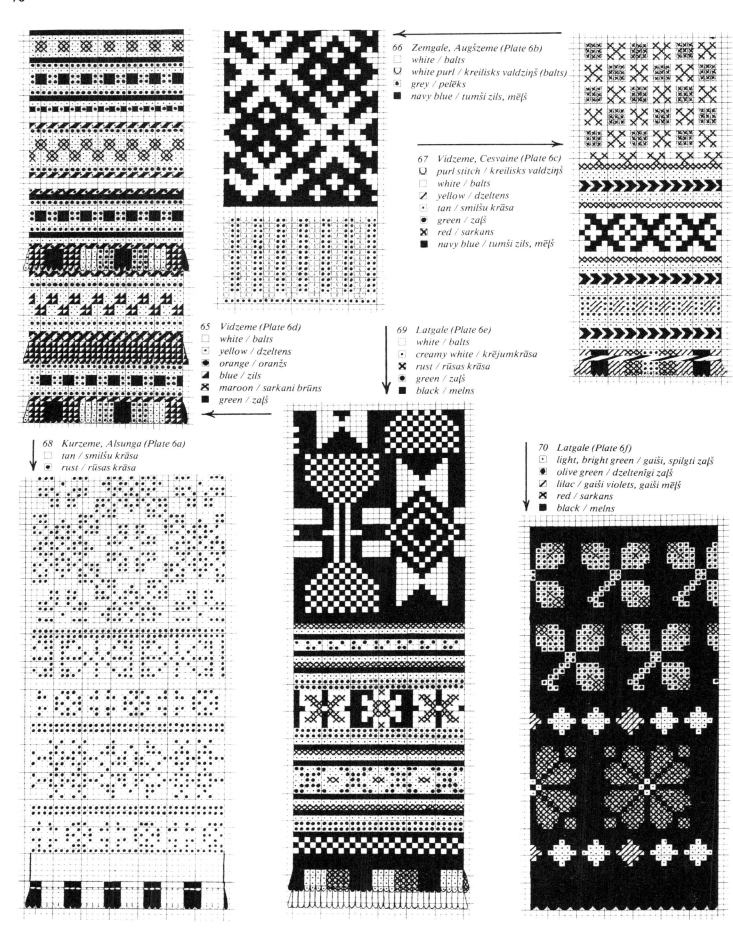

66 *Zemgale, Augšzeme (Plate 6b)*
☐ *white / balts*
◡ *white purl / kreilisks valdziņš (balts)*
⬤ *grey / pelēks*
■ *navy blue / tumši zils, mēļš*

67 *Vidzeme, Cesvaine (Plate 6c)*
◡ *purl stitch / kreilisks valdziņš*
☐ *white / balts*
◪ *yellow / dzeltens*
⊡ *tan / smilšu krāsa*
⬤ *green / zaļš*
✖ *red / sarkans*
■ *navy blue / tumši zils, mēļš*

65 *Vidzeme (Plate 6d)*
☐ *white / balts*
⊡ *yellow / dzeltens*
◪ *orange / oranžs*
◣ *blue / zils*
✖ *maroon / sarkani brūns*
■ *green / zaļš*

69 *Latgale (Plate 6e)*
☐ *white / balts*
⊡ *creamy white / krējumkrāsa*
✖ *rust / rūsas krāsa*
⬤ *green / zaļš*
■ *black / melns*

68 *Kurzeme, Alsunga (Plate 6a)*
☐ *tan / smilšu krāsa*
⬤ *rust / rūsas krāsa*

70 *Latgale (Plate 6f)*
⊡ *light, bright green / gaiši, spilgti zaļš*
⬤ *olive green / dzelteņīgi zaļš*
◪ *lilac / gaiši violets, gaiši mēļš*
✖ *red / sarkans*
■ *black / melns*

71 Latgale, Krustpils (Plate 7a)
☐ grey / pelēks
⊡ yellow / dzeltens
✗ red / sarkans
■ navy blue / tumši zils, mēļš

73 Kurzeme (Plate 7c)
☐ white / balts
◺ yellow / dzeltens
✗ orange / oranžs
⊡ green / zaļš
■ black / melns

72 Kurzeme, Alsunga (Plate 7b)
☐ white / balts
⊡ yellow / dzeltens
✗ red / sarkans
● green / zaļš
■ navy blue / tumši zils, mēļš

76 Vidzeme, Cesvaine
☐ white / balts
⊡ gold / zelta krāsa
✗ red / sarkans
● green / zaļš
■ black / melns
U purl stitch / kreilisks valdziņš

75 Kurzeme, Rendas, Kuldīgas
● brown / brūns
■ dark turquoise / tumši zilzaļš

74 Vidzeme
☐ white / balts
✗ red / sarkans
● dark grey / tumši pelēks

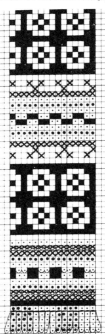

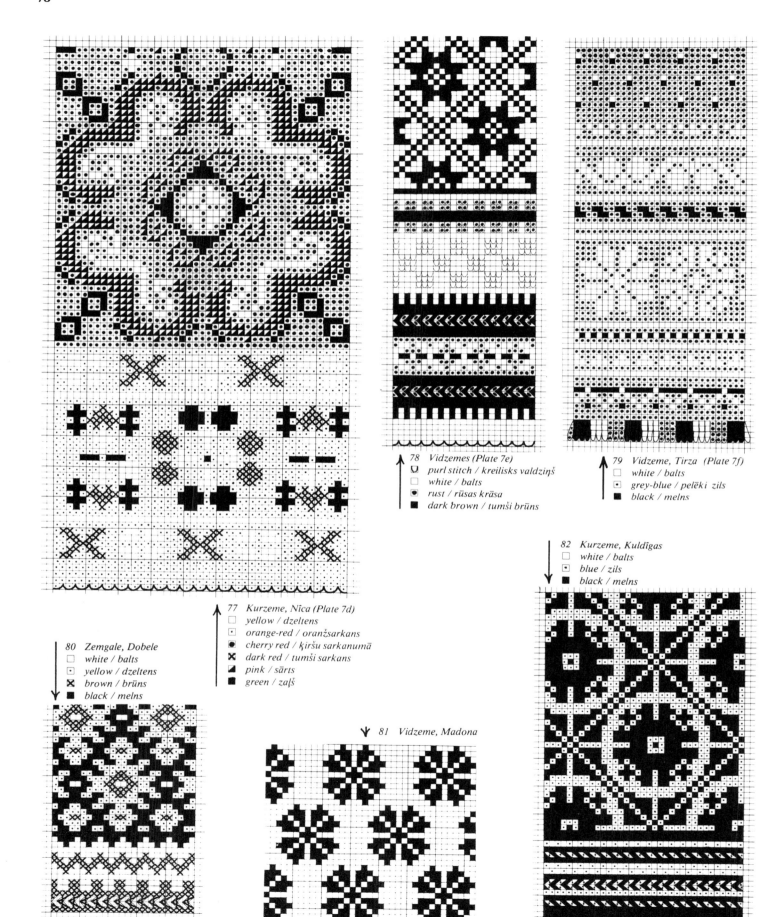

78 Vidzemes (Plate 7e)
- ⋃ purl stitch / kreilisks valdziņš
- ☐ white / balts
- ⊙ rust / rūsas krāsa
- ■ dark brown / tumši brūns

79 Vidzeme, Tirza (Plate 7f)
- ☐ white / balts
- ⊡ grey-blue / pelēki zils
- ■ black / melns

82 Kurzeme, Kuldīgas
- ☐ white / balts
- ⊡ blue / zils
- ■ black / melns

77 Kurzeme, Nīca (Plate 7d)
- ☐ yellow / dzeltens
- ⊡ orange-red / oranžsarkans
- ● cherry red / ķiršu sarkanumā
- ✕ dark red / tumši sarkans
- ◪ pink / sārts
- ■ green / zaļš

80 Zemgale, Dobele
- ☐ white / balts
- ⊡ yellow / dzeltens
- ✕ brown / brūns
- ■ black / melns

81 Vidzeme, Madona

84 Zemgale (Plate 8c)
- ⊔ *purl stitch / kreilisks valdziņš*
- ☐ *white / balts*
- ⊡ *yellow / dzeltens*
- ⦿ *green / zaļš*
- ☒ *red / sarkans*
- ■ *navy blue / tumši zils, mēļš*

86 Zemgale: wedding mitten / līgavaiņa cimds (Plate 8b)
- ☐ *white / balts*
- ⊡ *yellow / dzeltens*
- ⦿ *green / zaļš*
- ☒ *blue / zils*
- ■ *red / sarkans*

83 Vidzeme, Taurupe (Plate 8a)
- ☐ *beige / smilšu krāsa*
- ☒ *yellow / dzeltens*
- ⊡ *light green / gaiši zaļš*
- ■ *dark olive green / tumši zaļš*

85 Kurzeme
- ⊡ *turquoise / zilzaļš*
- ☒ *light orange / gaiši oranžs*
- ■ *black / melns*

87 Vidzeme
- ☐ *white / balts*
- ⊡ *gold / zelta krāsa*
- ☒ *green / zaļš*
- ⦿ *brown / brūns*
- ■ *black / melns*

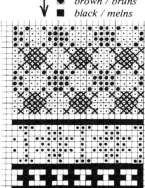

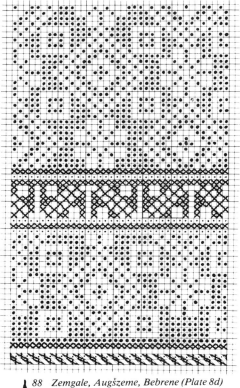

↑ 90 *Zemgale, Augšzeme, Stāte (Plate 8f)*
☐ *white / balts*
⊡ *grey / pelēks*
✖ *red / sarkans*
■ *black / melns*

↑ 89 *Zemgale, Augšzeme, Bebrene (Plate 8e)*
☐ *white / balts*
⊡ *yellow / dzeltens*
◕ *orange / oranžs*
✖ *red / sarkans*
■ *navy blue / tumši zils, mēļš*

↑ 88 *Zemgale, Augšzeme, Bebrene (Plate 8d)*
☐ *white / balts*
✖ *red / sarkans*
⊡ *green / zaļš*
◕ *blue / zils*

92 *Vidzeme, Cesvaine*
◡ *purl stitch / kreilisks valdziņš*
☐ *white / balts*
⊡ *gold / zelta krāsa*
◕ *green / zaļš*
✖ *red / sarkans*
■ *black / melns*

93 *Kurzeme, Alsunga*
◡ *purl stitch / kreilisks valdziņš*
◕ *rust / rūsas krāsa*
■ *dark turquoise / tumši zilzaļš*

91 *Latgale, Galēna*
◡ *purl stitch / kreilisks valdziņš*
⊡ *greenish white / zaļi balts*
✖ *red / sarkans*
■ *black / melns*

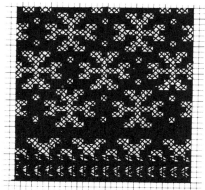

94 Kurzeme, Liepāja
✕ red / sarkans
■ black / melns

95 Latgale, Galēna
Ս purl stitch / kreilisks valdziņš
□ white / balts
• grey / pelēks
✕ red / sarkans
■ black / melns

96 Kurzeme
• red / sarkans
■ purple / purpurs

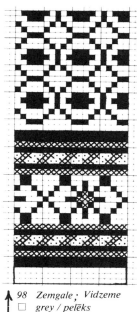

97 Vidzeme, Nābe
□ yellow / dzeltens
✕ red / sarkans
■ brown / brūns

98 Zemgale ; Vidzeme
□ grey / pelēks
• yellow / dzeltens
✕ red / sarkans
■ black / melns

99 Vidzeme, Limbaži
Child's mitten / bērna dūrainis
□ grey / pelēks
✕ red / sarkans
■ black / melns

100 Vidzeme, Prauliena
Ս purl stitch / kreilisks valdziņš
• red / sarkans
■ black / melns

101 Vidzeme, Madona, Tirza

102 Vidzeme, Madona, Vecgulbene

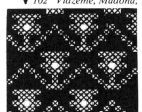

103 Vidzeme
□ white / balts
✕ yellow / dzeltens
• tan / smilšu krāsa
■ black / melns

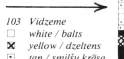

104 Kurzeme, Rucavas
(Plate 10a)

105 Kurzeme
(Plate 10b)

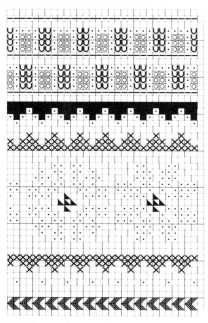

106 Stained Glass (Plate 10c)
Window colors repeat up mitten:
red-orange, blue, red, purple; repeat..

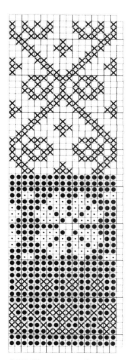

107 Kurzeme, Susējas
(Plate 10d)

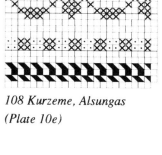

108 Kurzeme, Alsungas
(Plate 10e)

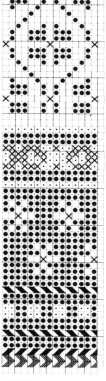

109 Kurzeme, Liepajas
(Plate 10f)

104 Kurzeme, Rucavas
○ purple / pumpurs
✗ red / sarkans
· gold / dzeltēns
╲ green / zaļš

105 Kurzeme
□ white / balts
■ black / melns
✗ brown / brūns
░ braid / pinītes
◪ braid / pinītes

106 Stained Glass
□ black / melns
─ purl black / kreiliski melns
■ purple / pumpurs
✗ red / sarkans
· gold / dzeltēns
◣ red-orange / oranž-sarkans
○ window color / logu krāsa
U slip stitch / nocelts

107 Kurzeme, Susējas
□ white / balts
✗ lt. brown / gaiši brūns
● dk. brown / tumši brūns
· rust / rūsu krasa

108 Kurzeme Alsungas
✗ med.. blue / vid. zils
· lt. blue / g. zils
□ white / balts
◪ braid / pinītes

109 Kurzeme, Liepājas
□ white/ balts
✗ rust / rūsu krāsa
● brown / bruns
· gold / dzeltēns
◪ braid / pīnītes
▨ braid / pīnites

110 Kurzeme
(Plate 12a)
- ☐ gold / dzeltens
- Ⓞ red / sarkans
- ● navy / t. zils
- · green / zalš

111 Kurzeme
- ☐ white/ balts
- ✕ rust / rūsu krāsa
- ● blue / zils
- · grey / pelēks
- | brown / bruns
- U purl / kreilisks
- ◣ braid / pīnites
- ▨ braid / pīnites

112 Vidzeme
- ☐ white / balts
- ● rust / rūsu krāsa
- ■ navy / t. zils
- · tan / smilšu krāsa
- ╱ green / zalš
- ✕ yellow / dzeltēns
- ◣ braid / pīnites

113 Kurzeme
- ☐ white / balts
- ✕ rust / rūsu krāsa
- ● dk. turquoise / t. zili-zalš
- · gold / dzeltēns
- ◣ braid / pīnites

114 Vidzeme
- ☐ white / balts
- ✕ brown / bruns
- · grey / pelēks

110 Kurzeme
(Plate 12a)

111 Kurzeme (Plate 12b)

112 Vidzeme
(Plate 12d)

113 Kurzeme (Plate 12e)

114 Vidzeme
(Plate 12f)

84

115 Kurzeme,
Grobinas
☐ blue/ zils
◎ red / sarkans
● black / melns
· green / zalš
▨ braid / pīnites

116 Kurzeme,
Barta
☐ white / balts
✕ red / sarkans
■ purple / pumpurs
· gold / dzeltēns
● green / zalš

117 Kurzeme,
Bartas
☐ white / balts
■ navy / t. zils
✕ red / sarkans
● green / zalš
· gold / dzeltēns

116 Kurzeme, Barta (Plate 13a)

115 Kurzeme (Plate 12c)

118 Vidzeme
☐ white / balts
✕ rust / rūsu krāsa
■ navy /t. zils
· grey / pelēks
◣ braid / pīnites

119 Ventspils,
Ugales
☐ white / balts
✕ red /sarkans
■ brown / bruns
· gold / dzeltēns
● green / zalš
∪ purl green /
   kreilisks zalš

117 Kurzeme, Barta (Plate 13b)

118 Vidzeme (Plate 13f)

119 Ventspils, Ugales
(Plate 15a)

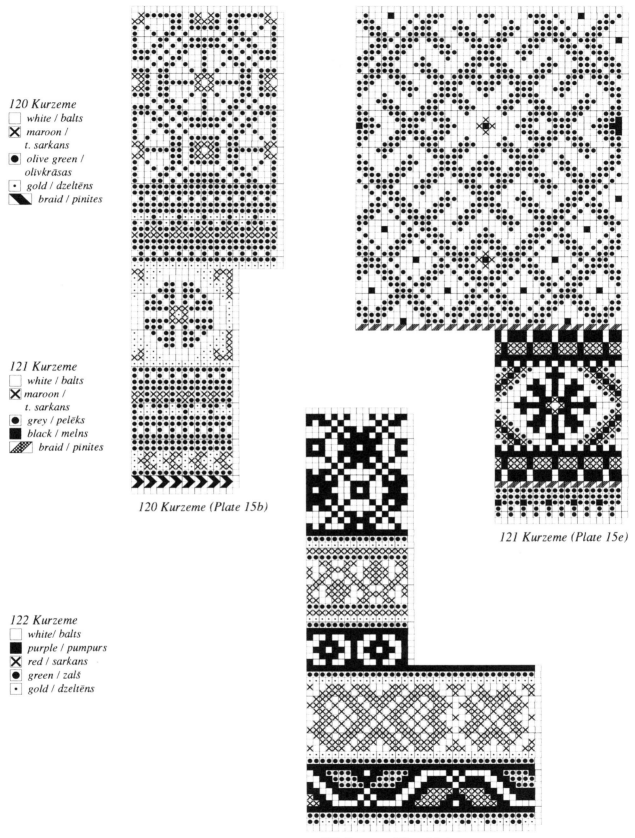

120 Kurzeme
- □ white / balts
- ☒ maroon / t. sarkans
- ⬤ olive green / olīvkrāsas
- · gold / dzeltēns
- ◩ braid / pīnītes

121 Kurzeme
- □ white / balts
- ☒ maroon / t. sarkans
- ⬤ grey / pelēks
- ■ black / melns
- ◩ braid / pīnītes

122 Kurzeme
- □ white / balts
- ■ purple / pumpurs
- ☒ red / sarkans
- ⬤ green / zaļš
- · gold / dzeltēns

120 Kurzeme (Plate 15b)

121 Kurzeme (Plate 15e)

122 Kurzeme (Plate 13c)

86

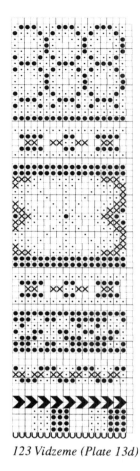

123 Vidzeme (Plate 13d)

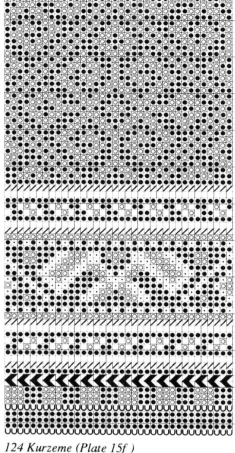

124 Kurzeme (Plate 15f)

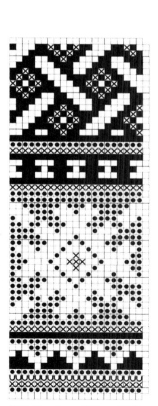

125 Rezeknes (Plate 15d)

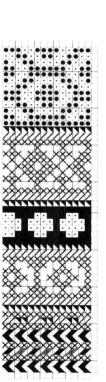

126 Kurzeme (Plate 15c)

123 Vidzeme
white / balts
red / sarkans
dk. grey / t. pelēks
lt. grey /
  gaiši pelēks
braid / pīnites

124 Kurzeme
white / balts
red / sarkans
black / melns
gold / dzeltēns
dk. green / t. zalš
braid/ pīnites

125 Rezeknes
white / balts
red / sarkans
dk, green / t. zalš
black / melns

126 Kurzeme
white / balts
red / sarkans
blue purple /
  zils-pumpurs
red-purple /
  sarkans-pumpurs
tan / smilšu krāsa
green / zalš
gold / dzeltēns
braid / pinites
4 braid /
  4 pīnites

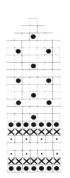 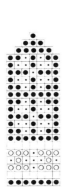 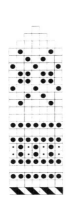 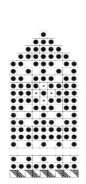 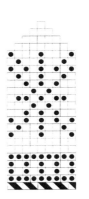 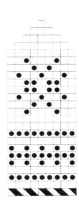

APPENDIX

PIELIKUMS

INSTRUCTIONS FOR MINIATURE LAPEL MITTENS

These were originally written for the tiniest miniature mittens. Just increase the number of stitches cast on to twice the number shown in the graph and knit up in pattern. The largest here (15 sts / side) are usually worked with five needles. (photographs on Plate 9)

Materials: Fingering Yarns (Size A) — 5 yards (4.5 m) white, 3 yards (2.75 m) red.
3 double-pointed needles, size 0000 (1,25 mm, 16 Eng.).

RIGHT MITTEN

Allow 8 inches (20 cm) of yarn to trail at the beginning.

Cast on 14 stitches with the 2-color method described in chapter 3, Cast-on.

Distribute these 14 sts on **two** needles (7 per needle). Tie.

The row of cast-on stitches is the first row in the graphs.

Knit in the pattern of the graph until ready to begin decreasing. Each color is picked up as needed. Yarns are not carried along the back of the knitting and may criss-cross the center of the mitten. It will **not** fit your baby doll.

When the red yarn is finished, cut and sew through the back of the work to secure.

First decrease round: Slip 1, knit 1, pass slip stitch over (sl 1, k 1, psso). Knit 3. Knit 2 together. Repeat.

Second decrease round: Sl 1, K 1, psso. Knit 1. Knit 2 tog. Repeat.

Third decrease round: Sl 1, K 2 tog., psso. Repeat.

NORĀDĪJUMI MAZCIMDIŅU ADĪŠANAI

Piederumi: 3 asu galu adāmadatas; resnums 0000 (1,25 mm; 16 angļu).

Vilnas dzija (rupjums A): 5 jardi (4.5 m) baltas dzijas; 3 jardi (2.75 m) sarkanas dzijas.

LABĀS ROKAS DŪRAINIS

Uzmet 14 valdziņus pēc divu krāsu dzijas metodes (sk. 3. nod.: uzmešana).

Abu dziju galus atstāj karājamies apmēram 8 collu (20 cm) garumā.

Valdziņus izdala vienlīdzīgi pa divām adāmadatām (7 valdziņi uz adatas).

Uzmešanas kārta ir pirmā kārta zīmējumā.

Pēc zīmējuma ada rakstā cimdam visapkārt līdz tam laikam, kad sāksies noraukšana.

Katras krāsas dziju uzņem, kad vajadzīgs. Dzijas pārstaipi kreisajā pusē nav jānostiprina; dzijas krustojas vidū. Mazcimdiņi parasti nav domāti lellēm, bet gan rotājumam.

Kad sarkanā dzija nav vairs vajadzīga, to nogriež un piešuj kreisajā pusē, tā nostiprinot.

1. noraukšanas kārta: noceļ pirmo valdziņu, otro izada, pirmo pārvelk otrajam valdziņam pāri. Izada 3 valdziņus. Saada 2 valdziņus kopā. Atkārto.

2. noraukšanas kārta: noceļ pirmo valdziņu, otro izada, pirmo pārvelk otrajam valdziņam pāri. Izada 1 valdziņu. Saada 2 valdziņus kopā. Atkārto.

3. noraukšanas kārta: noceļ pirmo valdziņu, saada 2 valdziņus kopā, pirmo pārvelk tiem pāri. Atkārto.

88

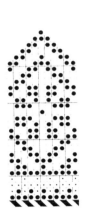 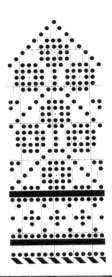 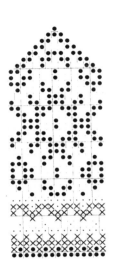 

Cut yarn 20 inches (50 cm) from the mitten and thread a
needle. The thumb is knit with this yarn. Pass the
needle through the two remaining stitches and sew to
the inside of the mitten. Bring the yarn back to the
outside one stitch in from the right edge, at the thumb
location — usually row 9.

Thumb

On the right side of round 8 insert a needle under
one side of the first 3 sts. In round 9, insert a second
needle under one side of the 3 sts directly above.

Begin to knit with the lower sts.

Knit the 6 thumb sts for three rounds.

Sl st, K 2 tog, psso. Repeat.

Thread a needle and pass the yarn through the two re-
maining sts.

Sew to the inside and through the back of a few sts to
secure. Cut.

The ends of yarn trailing at the cast-on edge are plied
together for a mitten cord:

    1. Over-twist each yarn in the same direction as it was
originally spun.

    2. Hold the two overspun strands together and re-
verse the twist to produce a two-color plied yarn.

Knot the end.

LEFT MITTEN

Work the second mitten as the first EXCEPT change the
thumb from the right to the left side of the palm.

Lightly press the mittens flat.

Tie the mittens together by the plied strands and hang or tie
where you wish.

*Dziju nogriež 20 collas (50 cm) no adīkļa un iever adatā.
(Ar šo dziju adīs īkšķi.)*

*Izver adatu cauri diviem atlikušajiem valdziņiem un
piešuj kreisajā pusē.*

*Izvelk dziju atpakaļ uz labo pusi īkšķa vietā, aizķerot 1
valdziņu no cimda labā sāna (parasti 9. kārta).*

Īkšķis

*Ar divām adatām uzlasa 3 valdziņus no cimda labā sāna
(8. un 9. kārta).*

Sāk adīt ar apakšējo kārtu no labās puses.

Ada īkšķim 3 kārtas; katrā kārtā 6 valdziņi.

*Noceļ pirmo valdziņu, saada 2 valdziņus kopā, pirmo
valdziņu pārvelk pāri. Atkārto.*

*Iever adatā dziju un izver cauri diviem atlikušajiem
valdziņiem.*

Piešuj dzijas galu cimda kreisajā pusē. Nogriež.

*Dzijas galus, kas atstāti karājamies, sākot dūraini adīt,
savij kopā.*

Tie noderēs par mazcimdiņa saitēm.

    *1. Dziju savijot, to griež uz vienu pusi, dzijas vērpuma
virzienā.*

    *2. Abus savītos dzijas galus salaiž kopā, sagriežot
pretējā virzienā un tā radot divu krāsu saitīti.
Galiem aizmet mezgliņu.*

KREISĀS ROKAS DŪRAINIS

*Labās rokas noadīto cimdu lieto kreisajam cimdam par
paraugu, BET īkšķis kreisās rokas dūrainim, protams,
ir kreisajā pusē.*

Cimdiņus gludina tvaikojot.

*Abus cimdiņus sasien ar saitītēm kopā, lai tos
piekarinātu, kur vēlas.*

Jumbled are my fine designs now,
As if tiny sparks of fire.
Cast the black, cast the white,
Design itself will come to light.

Sajūk mani sīki raksti,
Kā uguns dzirkstelītes,
Met melno, met balto,
Pats rakstiņš taisīsies.

BIBLIOGRAPHY / *BIBLIOGRAFIJA*

Brastiņš, Arvīds, Māte Māra, Māra pub., Cleveland, Ohio, 1967

Brastiņš, Arvīds, Saules teiksma, Māra pub., Cleveland, Ohio, 1977

Brastiņš, Ernests, Latvju raksta kompozicija, Latvju Dievtuŗu Sadraudze, 1978

Dzērvīte, A., Latvju raksti-Latvian Design, Latvian Federation in Canada, Toronto, Canada, 1973

Gimbutas, Marija, The Balts, London, Thames & Hudson, 1963

Klētnieks, Voldemārs, Senču raksti, Kārļa Goppera Fonds, 1963

Legzdiņš, R., Latvju cimdu raksti, Stockholm, 1947

Lesiņa, Irma, Latviešu cimdu raksti, Augstums Printing, Lincoln, Nebraska, 1970

Liģers, Z., A. Dzērvīte, R. Legzdiņš (red.), Latvju raksti I, Andreja Ozoliņa apgāds, Vācijā, 1957

Liģers, Z., A. Dzērvīte, R. Legzdiņš (red.), Latvju raksti II, Andreja Ozoliņa apgāds, Vācijā, 1959

Paegle, Ed., Latviešu tautasmāksla, Pagalms, Rīga, 1935

Roach, Mary Ellen, and Joanne B. Eicher, The Visible Self: Perspectives on Dress, Prentice-Hall, Inc.,
    Englewood Cliffs, New Jersey, 1973

Rubene, E., un G. Ivanova, Adījumu raksti un adīšanas technikas, Andr. Ozoliņa apgāds, Vācijā, 1958

Slava, Mirdza, Latviešu rakstainie cimdi, Zinātne, Rīga, 1990

Stone, G. P., "Appearance and the Self," in Rose, A. M. (ed.), Human Behavior and Social Processes:
    An Interactionist Approach, New York: Houghton Mifflin Co., pp. 86-118, 1962

Straubergs, K., Latviešu tautas mīklas, sakāmvārdi un parunas, Imanta, Kopenhāgenā, 1956

Švābe, A., K. Straubergs, E. Hauzenberga-Šturma (red.), Latviešu tautas dziesmas, Imanta, Kopenhāgenā, 1953

Zimmermann, Elizabeth, Knitting Without Tears, Charles Scribner's Sons, New York, 1971

Many of the mittens in this book were knit with a fine 2-ply wool yarn: Satakieli, made in Finland by Helmi
Vuorelma Oy. It is available in the USA through:
  Schoolhouse Press
  6899 Cary Bluff
  Pittsville, WI 54466
  orders: (800) YOU-KNIT *(800) 968-5648*
  www.schoolhousepress.com

90

INDEX